千古真谛

只有不断修炼职业素养，才能成就职场卓越人生

魅力飞扬 缤纷职场

中国言实出版社

图书在版编目(CIP)数据

现代员工素养修炼/王丽文,霍高峰编著.
—北京:中国言实出版社,2012.1
ISBN 978-7-80250-632-9

Ⅰ.①现…
Ⅱ.①王… ②霍…
Ⅲ.①企业—职工—修养
Ⅳ.①F272.92

中国版本图书馆 CIP 数据核字(2011)第 212392 号

出版发行 中国言实出版社
地　址:北京市朝阳区北苑路 180 号加利大厦 5 号楼 105 室
邮　编:100101
电　话:64924716(发行部)　64924735(邮　购)
64924880(总编室)　64914138(四编部)
网　址:www.zgyscbs.cn
E-mail:zgyscbs@263.net

经　销 新华书店
印　刷 北京市德美印刷厂
版　次 2012 年 1 月第 1 版　2012 年 1 月第 1 次印刷
规　格 710 毫米×1000 毫米　1/16　14.5 印张
字　数 180 千字
定　价 32.00 元　ISBN 978-7-80250-632-9/F·378

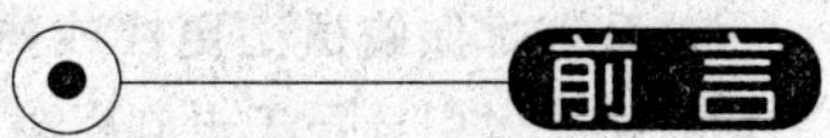

前言

每个人都承担着双重的身份，我们既是一个生活在群体中的社会人，同时也是一个生活在职场的职业人，或许你从不缺乏社会经验，但在职场却很可能缺乏职业的“幕前”指导与“幕后”训诫。

没有几个人能够一步登天，我们耳熟能详的那些名人们必然都经历了从普通的小员工到部门的小主管，再到企业总经理的一个循序渐进的过程。因此，成为一名拥有良好素养修炼的员工，既是迈向职场生涯的第一步，也是日后晋升的前提条件。

有些人从员工的位置不断上升，而另一些员工却似乎永远止步不前。仔细琢磨不难发现，他们之间有的区别或许很大，但更多时候往往仅仅在于某一个细小的职业细节。这样说起来，那些在原地踏步的人似乎有些令人遗憾，但要成为一名好员工却有着很深的学问，而且倘若没有这方面的指导，才华横溢的你很有可能因此而难成大器。

不论能力高低，每一个员工都有着晋升加薪的渴望，而且，事实上从员工到总经理的距离并没有那么遥远，从下属到上司本来就只有一步之遥。职场规则有时简单得如十以内的加减法，有时候又复杂得如《易经》中的“九阳八卦图”。

本书从职业细节入手，总结了许多从业者的经验，并毫无保留地将其奉献出来。既是员工用以改变自身状态的“最佳秘笈”，也是上司用以提高员工素养的培训教程；既涉及社会关系的学问，又涉及工作关系的根本。这些经验，你的同事和上司或许未必对你和盘托出，因为这些就是他们继续晋升的“秘密武器”。

本书力图将复杂的职场修炼化为最简单平实的语言，为读者提供一种新的思维方式和处世方法，捅破那层看不透的职场“窗户纸”。由此上司可轻易读懂员工的工作心态，员工可掌握各种关系的处理技巧，让您在眼界顿宽、心路顿明的同时产生“原来如此”的喟叹，在以后的工作中游刃有余，从而在职场竞争中轻松胜出。

这是一本促使员工更快成熟的书！这是一本陪伴员工快乐工作的书！这是一本引导员工走向卓越的书！

目录 Contents

第一章 悦纳你的工作：现代员工的职业意识修炼

企业的生存离不开员工的努力，员工的发展更离不开企业这个平台。因此，员工若想有所成绩，就必须不断提升自身素养。而职业素养中首要的则是悦纳自己的工作，修炼自己的职业意识。

第三章 提升你的技能:现代员工的职业能力修炼

我们有了良好的职业意识与内在精神,就可以说具备了成为职业人的充分条件。而一般意义上说,职业人一定是专业化的,他们有良好的专业知识、熟练应用的专业工具,而这也是员工胜任一定岗位的前提。只有做到"又红又专",员工才能拥有良好的发展前景。

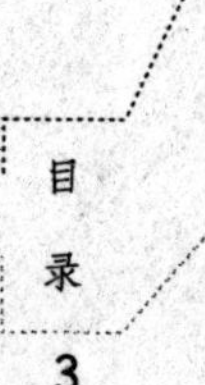

第四章 完善你的形象:现代员工的职场礼仪修炼

礼仪,是人类交往的前提和铺垫,不仅可以缩短陌生人之间的距离,也能抚慰冷漠的心灵;不仅规范着人们的言行,也让整个社会变得更加有序。而在职场若不懂得礼仪,员工便难以求得发展,只有举止有礼、神色得态、言语适宜,才有机会谋得出路。

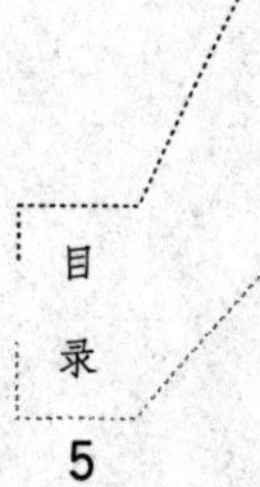

第五章 改善你的人际关系:现代员工的处世学问修炼

职场需要团结,大多数工作我们都需要与人协作才能完成。即使你能力再强,修养再好,倘若不懂得与同事和上司的相处之道,也难以成就大事。因此,在办公室内外搭建美好的人脉网,才能有如鱼得水之快感,才能体会到一个好汉三个帮的如意。

拿破仑说:“不想当将军的士兵不是好士兵。”职场中不想成为管理者的员工也不是好员工,因此,不要再为自己的“野心勃勃”而惶恐不安了。只要修炼了一定的升迁技巧，那你就是那个进退自如的卓越者。

第一章 悦纳你的工作:现代员工的职业意识修炼

企业的生存离不开员工的努力,员工的发展更离不开企业这个平台。因此,员工若想有所成绩,就必须不断提升自身素养。而职业素养中首要的则是悦纳自己的工作,修炼自己的职业意识。

修炼一：工作就是责任——责任成就你的事业

1. 找准自己的位置

作为一名职场人士，无论你在企业担任的是什么职务，看大门、搞收发也好，中层管理者也罢，员工成功的关键都在于找准自己的位置。然后，让自己的所言所行与自己的位置相符相宜，并且尽量让你的上司知道你、肯定你和赞赏你。

企业管理者和你的上司是否知道你干什么工作，是否对你的工作有较高的评价？这些问题都是与员工晋升息息相关的，大多数人都认为，领导眼睛是雪亮的，员工如果表现好，工作做得好，这一切就迟早会传到领导的耳中去。可惜，事实却往往不是这样，很可能你工作相当出色，可你的领导却根本不知道，不用怀疑，这的确是职场常有的事情。

出现这种局面，你既不能怨天也不能怨地，更不能怨命。你应该设法表现出自己的能力，设法让别人看到自己的工作成绩，尽力得到一个公正的评价。而只有这样的人，高级领导才会将其看作是崭露头角的优秀人才和企业的中流砥柱，是值得重用的能人。

对于员工来说，你的上司既可助你成功，成为你成功的阶梯，也可毁你前程，让你寸步难行；既可让你显得精明强干，也可使你看来很不称职。一些人从未得到提拔，就是因为顶头上司不给他发展、表现的机会。

因此，在一家企业或单位里，首先找准自己的位置，认真做好每一份工作，并根据职位的轻重来采取不同的处世方式非常重要。

职位较重，一般说明你已得到了领导的器重，可以尽可能地在主管领导所辖范围内施展才干。如果职位较轻，则说明你尚未被领导重用，一言一行还须谨慎小心，一方面需要尽力表现自己，另一方面也要学会悠着点儿，不能表现得过头而成为了“出头的椽子”，否则只能是“木秀于林，风必摧之”。

总之，找准自己的位置，是对工作负责的首要条件。

2. 敬重你的职业

我们可以任意选择自己想去的工作单位，也可以根据自身情况来决定要不要去做这份工作。但是，爱岗敬业本身是不能选择的。不爱岗的员工是要被“红牌”罚出局的。所以，你只有爱岗敬业，才能在企业所给的平台发展自己；既然上了这个岗，就要敬这个业，这是员工责任感的修炼常识，也是我们就业上岗，承担社会责任的重要因素。

爱岗敬业是个人成长的需要，是家庭生活的需要，是所在企业的需要，也是社会发展的需要。

不论在哪家企业，企业管理者总是力争使自己所带领的团队做出精彩的成绩，这样，他就需要一个、几个乃至一批兢兢业业、脚踏实地的员工。因此，你若能在管理者身边以认真负责的形象出现，必定能很快受到重视，成为企业的中坚力量。

对工作负责，爱岗敬业是员工的基本职业素养之一。然而，敬业不仅是心中有敬业意识即可，员工还需要注意两个方面的技巧。

(1)要安心也要耐心

员工的浮躁是让管理者最为头疼的。我们经常会听到管理者们这样说：“年轻人要能吃苦，也要沉得住气。”这话确有一番道理，经常为眼前利益所动的人能安心工作吗？有人工作的态度与自身情绪紧密相连，情绪来了就好好干一阵，当三分钟热度一过，没兴趣了就应付应付了事，工作也就成了三天打鱼两天晒网。在上司眼中，这样的下属是靠不住的：偶尔表现一把，“过把瘾就死”的员工难以成就大事。

(2)要苦干也要巧干

兢兢业业、埋头苦干的敬业精神确实值得提倡，但需要注意的是，职场是一个需要用成绩来说话的地方，因此必须注意效率，注意自己的工作方式。不难发现，在我们的身边有很多人工作勤恳，但忙忙碌碌一辈子就是没干出什么成绩，不仅没得到上司的提拔，反而在上司和同事中留下了“愚笨”的印象，实在是可惜。

苦干是每个上司都喜欢看到的员工的行为，但上司更希望看到的是员工巧干、高效率工作后的成果。我们不妨设想一下，上司有同一项任务，交给甲需要一个月才能完成，而交给乙仅要两周就可能完成，那么上司在用人时会首先考虑哪一位呢？任何人都明白。因此，苦干并不等于蛮干，只有善于动脑子想办法，提高自己的工作效率，才是真正的敬业。

3. 莫泄漏公司的机密

相信大家都有为别人保守秘密的时候，有些秘密小至影响个人名誉，大则会亡国灭种。因此，只要是秘密，主人往往不会希望太多人知道，尤其是在职场如战场的办公室！

在办公室里，总要有一些秘密存在，尤其是在如今这般复杂的环境之中，不论是关乎商业机密、同事恋情还是企业变革，只要你是公司的一员，你就有职责替公司保密！

我们在应聘一份工作时，企业通常会要求我们签署一份合约，合约内容中一定会有一条是要求我们不得泄漏公司机密。由此可知，不论你的工作绩效如何，保密是公司希望我们能做到的一项基本要求。毕竟许多机密关乎公司的发展前景，有规模的公司竞争对手则更多。对手一定希望能多知道公司内部的一些情况，以期寻找进攻的路径或改进竞争的策略。对手或许会给你足够优厚的报酬，但身为公司的职员，我们有义务维护公司权益，毕竟让对手知道公司的一切，优缺点完全暴露无遗，那就没有任何竞争力可言了。企业没了竞争力，那我们的前途也会就此葬送。所以，我们一定要培养一种职业习惯，不随便在朋友或亲人面前透露公司的商业机密。正所谓言多必失，切记！

4.提交工作报告要完整

在主管的眼中，开会时能提出一份完整的报告，则表示你对这项企划案有准备、有规划，而这无异于与认真工作画上等号的，上司当然欣赏你了。

什么样的报告才算是一份完整的报告呢？

(1)主旨要清楚

该项企划案的重点是什么，一定要在开篇时就点出来。这样才能让大家非常清楚你究竟要讨论些什么！

(2)项目要仔细

报告的内容要清楚，建议以条列式方法逐项列出，这样不仅容易阅读，更能让大家知道你做过归纳，一举两得！

(3)正反面论证

你不妨将整个企划的优缺点一并列出，优点加以突显，无法避免的缺失则找出破解办法来弥补。不管是正面或负面均加以论证说明，可以让人觉得你考虑问题很全面。

(4)解释要清楚

开会演示文稿时，口气要简洁有力并交代清楚，不要有丝毫的犹疑或畏缩，这样不仅可以让人觉得你对工作充满自信，对于你所提出的企划也会更能让人接受。

(5)拿出风度来

有些人总是囿于自己的盲区，对于别人提出的疑点无法苟同，甚至认为旁人是在与自己作对而失去本应保持的风度。所以，在面对他人质询时一定要有风度地详细回答，唯有如此才能让人更加觉得你是可以沟通的，而对于你的报告会有加分的作用，千万别忽略风度的重要性。

5.按时完成你的工作

责任感对每一个员工来说都非常重要,对企业、部门来说同样重要。一个缺乏责任心的员工是不可能获得上司的欣赏和重用的。一般说来,要想培养起自己的责任心,我们需要从小事做起。

(1)今日事今日毕

应该在今天完成的工作绝不拖到明天,只要是属于自己的工作,即使再难也要硬着头皮把它完成!因为我们都知道,东西放太久是会发酸变味的,而工作放太久不仅会拖延整个团队的进度,也会让你丢掉自己的饭碗!

(2)凡事事先做好准备

常言道,凡事预则立,不预则废。民间也常说:“事前有准备,遇事不狼狈。”此话不假,凡事能在事前做好相应的心理准备和物质准备,为事情理出一些头绪,就可以省去事后的很多麻烦。而且,有了计划,工作完成的进度也会加快很多,何乐而不为呢?

(3)别总麻烦他人

有些员工在接到任务时,总习惯找人帮忙来完成,其实这是一种很不好的习惯。自己能做的事情最好由自己来完成。经常麻烦别人帮忙的员工迟早会让同事感到厌烦,久而久之,不仅会躲避他的求助,甚至懒得与他一起共事。因为原本是一起分担的工作,搞到最后却是他人一个人费力,有了好处有他一份;有了毛病,他还会推三阻四。试想,这样的员工老板会喜欢吗,这样的同事你会怎么看待呢?

(4)不要怕吃亏

即使不是你的分内之事,你将工作完成了你又会有什么损失呢?吃亏是福,在职场上闯荡多年的人,大致都能理解这句话的价值所在。因为吃亏真的能占到便宜,只是你以何种角度去看的问题。年轻人多花一点时间与精力去学东西,让工作经验变成你私人的“职业资产”,等到需要亮筹码之时，优胜劣败老板便可一眼看穿。因此，你又何必认为多做点事情就是吃亏了呢？

修炼二：热爱自己的工作——热情是解决难题的良方

1. 做个冲锋在前的员工

无论在国企还是私企，责任心都是上司衡量你去留的关键因素。道理很简单，一个再有才干的人，如果不能把才干投身于本职工作，那么纵有诸葛之才于公司也无益。

所谓“在其位谋其政”，责任心也意味着认真负责的工作态度，以及主人翁的当家意识；意味着一切从团体的利益出发而不是为个人利益斤斤计较；意味着忠诚良好的职业道德，而这几点职业意识通常都是最被企业管理者看重的。

(1)学会在苦差中“潜水”

大多数年轻人在最初择业时，都会经历一段辛苦繁琐以及单调乏味的工作：为日理万机的老板跑跑腿、整理通讯录什么的。或许这对职场老人来说，根本就谈不上是什么职业，但你必须把这样的工作当成漫漫求索之旅的重要起点。

(2)乐于接受并主动去做分外之事，但要适度

在展销会上，你可能还不够格儿来代表公司，但千万别忽视任何你所乐于承担的工作。如果你对如何更好地组织本部门有些创意，你大可大胆地说出来，但记住一点：完全有能力处理自己所要求的工作，或能够全力投入。

要想取得真正巨大的成功，千万别干有违你性格的事情，别鼓动朋友或老板过早地给你一个大显身手的机会。当然，托亲戚或其他关系谋一份跃过最底层的职业也无可厚非。然而刚开始的一段时间，每个人都不可能装模作样地轻松驾驭工作，因为这时你根本无法胜任。如果你运气不错的话，也许能逃过早期的苦差。不过大多数人都没那么幸运，没什么关系可以依靠，只有自己的法宝：做一个称职开心的员工，在岗位上努力不懈，多承担分外的责任，一步一个脚印，就定能赢得应有的认可。

(3)准时到达办公场地

对任何员工来说，准时准点或者早到办公室是一个最重要的法则。你做秘书时，每天第一个坐在办公桌前，等待公司重权在握的上司的到来。他总是到得很早，然后，他每每都会带着一种不敢相信又很高兴的表情对你说："啊，你已经到了。"那时你也许为了比他先到，一大早就得披星戴月离开家往单位赶，但相信自己，这一切都是值得的。

(4)处理手边的工作

你的工作还没取得什么实质性进展，要想引人注目又受人爱戴的话，有一个绝对可靠的办法——马上处理手头上有的任何事情。要想有所发展，你应该努力成为这样的员工：绝对可靠，迅速高效地处理任何事情，不分大小。

2.热爱工作就要公私分明

跑外勤的业务员因公外出可能是常事。因为要接订单、见客户，所以他们上班时间多半在公司外面，这是很正常的现象。只不过有些公司担心这样下去，会演变成陋习，所以会规定员工早上先到公司打卡，填好外出单才可以出去，其实这就是担心员工会借着工作之便开小差，甚至早上睡懒觉不起来上班。

(1)出公差别成"开小差"

一位从事保险工作的业务员，由于公司给的底薪不低且不需打卡，所以她每天都要睡到自然醒后才会准备约客户。她自己说是没睡够气色不好，与客户谈业务容易失败，但是据她的同事私下透露，其实她做事并不用心,出公差往往是“开小差”!

另外还有一位女职员,她这个职业女性做得也不称职。因为她有喝下午茶的习惯,时间一到一定得让她喝杯咖啡、吃块蛋糕她才有力气做事,否则总是像个毒瘾犯了的人一样“哇哇”地叫,也因此常会见她下午时间偷偷地溜出来喝茶。但很快就被老板识破,丢了饭碗!

(2)最好公事公办

职场上不少员工都有机会外出公干,有些可能要出远门好几天,有的则是搭个公车送份文件罢了。不过不论是公干还是送件,只要是有因公外出的情形,建议最好还是把事情交代清楚报告上级后再出门。当然如果部门有单据可以填写清楚最好,一切公事公办,这是最好的一种解决办法。

但若是公司没有这种单据可填,也提醒你一定要告知同事或上级,说你必须出去一趟,把前因后果说清楚,可行的话再留下自己的手机号码以便联络。总之,热爱你的工作就不要利用工作之便“开小差”,一旦被老板察觉,只会让他觉得你是个没有素养、不值得提拔的小员工。

3.主动去做你的工作

主动性在工作中是非常重要的,有的人像木偶,不拨不动,从来不主动动脑筋,这些人一般是不称职的员工。而有的人则会主动找事情做,主动去发现问题,并且自主解决问题;勤于反省,经常检讨工作结果,在这样一个主动工作的过程中,工作业绩不断改善,实力不断提升。随着工作经验的不断积累,对各种问题的处理也变得越来越得心应手。

在公司,许多人愿意去做那些轻松而又容易得到老板认同的工作,而不愿意接手那些额外的或者是费力不讨好、琐碎不起眼的工作。

对分外的工作表示不情愿或是唠唠叨叨地抱怨不停,只因为你对工作不够热爱。热爱自己工作的员工,遇到额外的工作时会心平气和、爽快地接受,甚至在他们的眼里就没有什么工作是额外的。事实上,如果你唯恐吃亏而跟着其他同事一起推脱，就等于是把机会往外推。如果你明知道吃亏也义无反顾地把工作承担下来，不论是对自己还是对同事、老板而言，都是一种最好的结果。

对工作的热爱不仅体现在认真地做好本职工作，也体现为愿意接受额外的工作，能够主动为老板分忧解难。

当老板交代你去做属于分外的工作时，可能是认同你的能力，给你超越职位的挑战机会。这时候，你千万不要说“做不到”或不想去做。

一位成功学家曾聘用一名年轻女孩当助手，替他拆阅、分类信件，薪水与相关工作的人相同。

有一天，这位成功学家口述了一句格言，要求她用打字机记录下来：“请记住：你唯一的限制就是你自己脑海中所设立的那个限制。”

她将打好的文件交给老板，并且有所感悟地说：“你的格言令我深受启发，对我的人生大有价值。”这件事并未引起成功学家的注意，但是，却在女孩心中打上了深深的烙印。从那天起，她开始在晚饭后回到办公室继续工作，不计报酬地干一些并非自己分内的工作——譬如替老板给读者回信。

她认真研究成功学家的语言风格，以至于这些回信和老板写的一样好，有时甚至更好。她一直坚持这样做，并不在意老板是否注意到自己的努力。终于有一天，成功学家的秘书因故辞职，在挑选合适人选时，老板自然而然地想到了这个女孩。

在没有得到这个职位之前就已经身在其位，这正是女孩获得提升的最重要原因。当下班的铃声响起之后，她依然坚守在自己的岗位上；在没有任何报酬的情况下，依然刻苦工作，最终使自己有资格接受更高的职位。

这位年轻女孩的能力如此优秀，引起了更多人的关注，其他公司纷纷提供更好的职位邀她加盟。为了挽留她，成功学家多次提高她的薪水，与最初当一名普通速记员相比整整高出了四倍。

主动去做老板没有交代的事情，并把这些事做好，是员工热爱工作的体现，也是员工必备的素养之一。有了这份主动去做工作的热情，你就能提升自己在老板心目中的位置，就会被调升到更高的职位，获得更大的成功。

4. 怎样爱上自己的工作

某首流行歌曲中有这样一句歌词："如果你不能与你爱的人在一起，就爱和你在一起的人。"其实，这句话同样适用于你的工作，特别是在现在的经济衰退时期。那么，我们要怎样做才能让自己爱上现在的工作呢？很简单，只要你做一些基本的改变，你就会发现无论你在哪家企业，在什么样的岗位都是合适的。

(1)关注你将怎么做，而不是在做什么

我们中的很多人设想最后能在喜欢的专业领域找到自己生来就热爱的工作，但需要明白的是，在找到房子之前最好先推车。当你梦想自己所从事的工作就是理想的工作时，你会怎样形容你的工作：你会有灵感，具有极强的竞争力和自信。而这些，即使你找的工作并没有那么理想，你也可以尝试去做去想，或许通过努力你会让自己在工作中爱上这个职业。

(2)在工作中发现一个"导师"

除非你一个人工作，否则所有的职员都值得你尊敬，并且从他们身上学到知识，即使他们的职业与你的有很大不同。你应该去你自己部门外去发现，比较下，但是这个搜寻必须很值得。一个好的"导师"带来的帮助超过你自己的学习，他会帮助你用批评的眼光看你自己的目标并告诉你怎样去实现它们。但"导师"做的不一定是你想要的工作，真正关键的问题是他们是怎样做他们的工作。你可以接近某人，以非正式的午餐形式或者正式的预定。另外，选择在公司做得成功和快乐的人做你的导师，也会让你逐渐爱上自己的工作。

(3)根据你的才干寻找工作

如果你发现目前的职位不能更好地发挥自己的才干，若想在企业寻找能发挥你才干的职位，首先想清楚你自己的才干是什么，然后做一些调查工作，比如你的公司现在需要什么，未来的竞争怎样，得到了这个工作我是否会更加热爱自己的职业，等等。想清楚了这些问题再行动，或许努力让自己爱上目前的工作会是更好的选择！

修炼三：树立工作的目标——目标让工作更高效

1.如何树立自己的职业目标

如何树立正确的个人职业发展目标呢？这是值得每一个职场人士慎重思考的问题，这决定着你将在多久的时间内成为你想成为的人。

树立正确的个人职业发展目标，主要分为三个步骤：

第一步，认清自我

微软、盖洛普等国际知名企业对待“选对人重要”还是“培养人重要”这两个问题的选择答案都是前者，也就是说一个人的成功主要得益于先天素质而不是经验积累，因此正确地认识自己非常重要。

很多人都听过著名的“斯芬克斯之谜”：幼年时需要四条腿走路，中年时则是两条腿走路，而到老年时却变成了三条腿走路……谜语的答案就是“人”本身，但绝大部分的人在第一次听说这个谜语时都无法猜出正确的答案。

这就很好地反映了一个非常重要的问题：许多人其实并不能全面、客观地认识自己。“全面”是指要正确地认识自己的综合素质，包括：形象气质、性格特点、兴趣爱好、专业技能、知识水平等各个方面的内容；“客观”是指要恰当地评价自己，作为一名职业人士，更为重要的当然是评价自己在职场中的地位，区别于其他职场人的优势在哪里，职场中的哪个位置更适合自己发展，等等。

第二步,认清职场

任何事物都有两面性,个人发展也同样如此。在我们选择用人单位的同时,用人单位也在挑选我们,因此,正确地识别职场中的人力资源供求状况,对于个人的职业发展来说非常重要。这些问题主要包括:

哪个行业更适合我?这个行业在整个经济环境中的发展前景怎样?

哪类企业更适合我?这个企业在行业中的竞争力和发展前景怎样?

哪类岗位更适合我?这个岗位在企业中的地位和发展怎样?

怎样的企业文化更能获得我的认同,使我工作更加愉快?

我更适合于怎样的上级,自己又是怎样的下属?

……

第三步,寻找自己与职场的最佳结合点

只有找到自己与职场发展的最佳结合点,才能使自己真正融入这个行业和所选择的企业,才能在个人职业发展的方向上把握自我,进而把握其中的行业规则,既能够展现自我,实现个人的价值,又能够有效规避行业风险,克服企业内部的发展障碍。具体来讲,大家可以从以下两点来分析自我发展与企业发展是否存在结合点:

(1)自己和所在岗位的优化度,能否在完成岗位职责的同时发挥自身的潜力和作用?

(2)自身的发展规划和所在企业、行业的优化程度,是否能够在企业、行业发展的同时获得自身价值的提升?

如果答案都是肯定的,那么这个职位值得你用心地做下去,这个企业值得你为它一直奋斗下去。

当然每个人在寻求自我发展的道路上都会遇到一些问题,甚至是困难。那么,如何才能做到既坚持原来的发展目标,又能够保持较好的适应性呢?

(1)良好的心态是成功的一半。每个人的心中都有一个梦想,每个人也为了这个梦想奋斗过或正在奋斗着,但在前进的道路上,我们总是会无法避免地遇到一些挫折。只有拥有一个稳定、健康的心态,才能在遇到问题时正确地对待它、克服它,并且从中汲取经验和教训,从而超越它。

(2)保持既定的好习惯将事半功倍。进入职场就好比参加一场没有终点的长跑,而要想成为最终的赢家,就必须持续地努力,不断地进步。要注意养成生活、工作中的良好习惯,诸如科学的作息安排、恰当的身体锻炼,职业的言谈举止,等等。这些习惯不仅可以保持身心健康,提升自己的职业形象,还可以帮助自己在职业发展道路上乘风破浪,顺利抵达成功的彼岸。

(3)建立良好人脉,培养自己的情商。在未来的职场中,拥有高情商无疑是成功职业人士的必备,从锻炼自己的团队精神和意识开始,逐步建立起自己在部门、公司,以及周围朋友圈中的良好人脉,并与他们坦诚交往。另外,在你的朋友中,一定要结交一些从事人力资源管理工作的朋友,他们会在你遇到职业发展问题时给予一些不错的建议。

(4)每天进步一点点。一个人可怕的不是不会,而是不学。即使你毕业于名牌大学,即使你已经成为企业的中坚力量,即使你……无论你已经成为什么,只要你还需要进步,学习就是唯一的解决之道。

(5)关注目前任职企业内的人事变动,留意可能的职位空缺。当出现与自己的职业发展目标更加契合的职位空缺时,你应该自信地为自己争取更大的发展平台。

(6)关注企业和行业的动向。随时关注任职企业、乃至整个行业的发展前景,及时做出灵活的调整,避免因为宏观上的一些变化导致自身职业发展受到意外的挫伤。

(7)平衡好工作与生活。工作与生活是相辅相成、息息相关的,哪一个处理不好都会影响到另一个的和谐,只有达到二者之间的平衡,才能谋求更大意义上的发展。

成功不是一蹴而就的,成功是需要科学规划的,只有选择最近、最便捷和最适合你的职业道路,再辅之以不断地追求、进步和完善,才能实现最终的人生目标。

2. 做职场时间的管理者

成功的人大多都能巧妙地分配时间，以便能在有效的时间内最大限度地做更多的事情。作为“上班族”的你，不妨借鉴一下成功者们总结出来的经验，争取完成最有价值的事情。这也是一个员工工作责任心的具体体现。

(1)制订计划

只用20分钟订一个计划就能节约一个小时的工作时间。牢记一些必须要去做的事情，不要让生活琐事打扰到你，防止增加大脑的负担。

(2)分清主次

分清需做事情的主次，确定当务之急，并建立行动一览表。每天晚上，记下第二天必须要做的几项工作，并在一天当中回顾几次日程表里的项目，将已完成与未做完的项目做好标记。

(3)利用间歇时间

生活与工作中，等待是在所难免的，比如等公交车、等待召见、等待客户，等等。在这样的等待过程中，我们可以从公文包或文件中取出信函、报道、期刊或文摘等进行阅读，以增加自己的见识。

(4)应对计划外来访

当遇到计划外的来访者，可向他人道歉，说明自己的工作日程安排得很满，如有什么不便公开讲的事情，可以另约时间。或将约见时间选在低效率阶段，可用一些措辞结束电话聊天。如果不接那些频繁的电话，你也可以节省更多的时间。

(5)快乐工作

提高工作效率并不意味着要将自己搞得十分紧张。如果打破常规安排时间，会使你的工作速度更快，取得的效率更高。如果增强锻炼，会使你头脑清晰、身体健康。周期性地娱乐几分钟以及做深呼吸，既能让你情绪高昂，也能使你心静如水。因此，你最好每周都休假一整天。如果你能使自己保持快乐的心情，你将事半功倍。

(6)别追求完美

一个完美主义者和一个办事拖拉的人浪费的时间是一样的。虽然有时候不可能把工作干得完美无缺，但只要已经在一个确定的期限里，完成了所能做到的最好的工作，就是一个完美的结局。应该懂得什么时候有必要为十全十美而奋斗，什么时候需要放弃，才是足够的好。

3. 自我激励，做一个职场管理员

近几年，许多企业都把“以人为本”作为管理口号，但是到底如何定义这四个字呢？有专家将其解释为：把人视为管理的主要对象及企业的最重要资源，通过激励、调动和发挥员工的积极性和创造性，引导员工去实现预定的目标。但是，这样的定义本身就不符合人本管理的思想。如果我们的定义还是如何激励员工，如何调动员工的积极性，如何发挥他们的才能，那么这还是以管理者为本，管理者来管他，管理者来调动他，不是真正意义上的“人本”管理。“人本”管理，应该是自己管理自己、自己调动自己。

员工应该明白，每一个人都是经营者。总经理在经营一家企业，每个员工都在经营他的职位。现在有好多员工下岗或被裁，原因是复杂的，其中一个主要的原因就是员工经营职位的“破产”。人是一种资源，资源就要经营。一个不能“经营”好自己职位的人，又如何能经营好一个部门、一个企业呢？

企业在经营过程中，面临的是复杂的市场环境，这些环境是不以人的意志为转移的，员工在经营自己职位的过程中，面临的环境也是复杂的，至少在员工自己看来是复杂的。但是，如果一个员工明白这是任何一个经营者所不可避免的，他就不会有“没有公平的竞争机会和发展机会、干多干少一个样”的抱怨。如果员工有了这种思想，无疑会变得越来越喜欢自己的工作，离自己的目标越来越近。

4.别让情绪影响了工作

人都有七情六欲，都会有不稳定的情绪低潮期，只不过因着工作的需要，因着对目标的追求，我们就必须学会把情绪压抑住，这样才能更快地实现我们的目标，让工作更加高效。因为情绪容易失控的人，在旁人的眼中总是像颗不定时“炸弹”，时好时坏的特质肯定让人无法防备！所以，只要你想成功，想跟大家打成一片，情绪的控制绝对是非常重要的。

在办公室里，迎来送往什么人都可能碰上，如果你只顾自己情绪的发泄而忘了该注意的事，例如同事、上司的感受以及工作的安排，真要追究得失，那你可就难以卸责了。

情绪影响工作氛围，更影响工作效果。那么，在我们情绪不稳定的时候，应该怎样做才能不让私人情绪妨碍到我们对目标的追求呢？下面是我们总结出来的几点做法：

(1)深呼吸

觉得自己的眼泪快涌出，喉咙痒得想大声呼喊时，试着做几次重重的深呼吸，记住，最好超过五次。

(2)捏耳垂

在情绪急躁的时候，捏捏自己的耳垂，气就会慢慢消掉了。有机会试试，或许你会发现功效不凡。

(3)喝杯水

这一帖在治疗情绪失控上可能算是历史悠久的“老方子”了，不过这一招还是让许多情绪失控的人十分“服气”。

(4)出去走走

许多人在情绪失控时往往不知道自己的状态，所以自己事前多加自我注意非常重要，一旦发觉快挺不住了，千万不要硬憋着，最好到外头透透气缓解一下。

情绪的疏解有许多方法可依循，进行一些静态或动态的活动，例如运动、阅读，甚至还有人去学插花、茶道等，目的都是在于让自己情绪能稳定。要知道，一位情绪容易失控的人，不论在人际关系或工作上，都会导致自己越来越被动，这只会让我们离目标越来越远。因此，有效地控制自己的情绪，不仅是实现目标的前提、高效工作的基础，更是作为一名职场员工必须具备的素养之一。

修炼四：融入团队——协作才能与团队共赢

1. 初进职场慎表现

俗话说："树挪死，人挪活。"其中尽管有很多合理的成分在里面，但总感觉仍然是个人适应能力欠佳的缘故。频繁地更换工作环境并不会给自己带来多少利益，特别是在现在的企业中，加薪升职完全是看你能否为公司发展做出贡献来定的，干不到一年就离开公司连奖金都挣不到，怎么说代价也太大了一点儿。因此，一个优秀的员工一定要有适应环境的能力。

相信每一位职场新员工，大都体验过试用期的谨小慎微。当你应征一份工作，开始加入公司运作后，紧接着面对的，就是为期三个月至半年不等的试用期。有些公司甚至会在试用期间将你的薪水打个九折，原因无它，只不过是希望新进员工能更积极地做事，不要抱着应征进来就可以我行我素的心理，毕竟进入新环境，本就应该要打起十二分精神"眼观六路"、"耳听八方"，哪里还有时间"浑水摸鱼"？

身为员工，不要一味地认为公司是在"试用"我们。其实换个角度想，我们不也一样在"试用"公司吗？人与人之间都会有志趣相投的时候，员工与公司之间也一定会有这种契合的因子存在，所以才需要去适应一家公司的制度、运作和伦理，合则来不合则去。这才是所谓试用期的终极精神！那么，在试用期间，我们究竟该做什么事，才能帮助自己顺利过关呢？

(1)上班别迟到

迟到绝对是职场中最不受欢迎的恶习,试用期间当然更是不容这种情形发生。

(2)凡事“三多”:问、看、听

由于对公司的一切还很陌生,因此,在做事时千万不可过于轻忽,不懂就说出来,凡事多问多看,切忌不懂装懂。

(3)勤勉为上策

新进来的员工就像是学校的师弟师妹一般,尤其是在一些特别重视企业伦理的日商公司,凡事都有先来后到,后来者应该比先来者表现得更勤勉些,才更让人感到理所当然。

(4)仪容要整齐

穿着合适的服装对于塑造专业形象大有好处。因此,每天的服装一定要注意搭配,可入乡随俗多观察同事是怎么穿的,试着比照他们的穿法。相信这样一来,你的着装一定会越来越得体、大方。

(5)处处求整洁

大多数公司都十分注重办公室的整齐。自己的桌子要整理干净,建议养些绿色盆栽,不仅可防计算机辐射,自己工作起来也会比较惬意和带劲!

要想在公司里如鱼得水、应付自如、步步升高,就要了解周围环境,学会改变自己的个性和习惯,适应自己所在职位的角色。这样当职位上升了,才能改变以前职位的习性,适应新职位的角色。

2.做个“没脾气”的好员工

性格即命运,这句话对员工同样适用。人的性格分许多种,但只有那些成熟、果断、机敏的人才有出人头地的可能。因此,一个员工应随时随地修炼自己的性格特质,让性格为你创造一个不同凡响的命运。

一个平日工作勤恳、业务熟练的员工所以不受大家的欢迎,就因为他的情商太低，不善于管理、控制自己的情绪。他们往往总是自以为是，容不得任何批评建议，常怒气冲冲，向同事发脾气，或是为一点小事到处抱怨，骂骂咧咧或者牢骚满腹，怪话连篇。

众所周知，人与人之间的情绪是会互相感染的，有时自己控制得还不错的情绪，一下子就被别人破坏了，而别人的情绪也常常被自己“污染”。问题是谁都讨厌无故伤害别人情绪的人，哪怕他是为了工作，为了“正事”。

上班也如同演戏。后者演的是角色，与真我不见得相同。而前者饰演的也是一种角色，不见得与真我完全一致。好演员能很快“入戏”，并且可以既将戏里戏外分得很清，又看不出虚伪的矫揉造作。因为他能够收放自如地执行工作，把自己原来的情绪放在一边，专心配合领导、同事的工作要求，表现出适当的情绪，从而制造出一种轻松、适宜的气氛，既有利于同事表达合理的情绪，也无疑会令自己更受欢迎。毫无理智地放纵自己的情绪，实在是聪明的“上班族”不该为的行为。

遗憾的是，学历高、能力强、经历多、见识广，未必能改善一个人的“人缘儿”处境，他们照样可能陷入苦闷。

托尼在美国中部一个大制造公司做了四年的人事官员，并获得了一所大学的心理学学位。他自称适度自信，性格外向，对自己的生活道路大体上是乐观的，工作顺利，婚姻幸福。然而他却常常陷入一种莫名的不快。他说“我总觉得自己失去了什么。我在工作中并不很受欢迎，因为我对同事们从没有真正的亲密感。或许在内心深处我不相信任何人，即便跟妻子琮在一起，我大多数时候也是小心谨慎。当有人直截了当地问有关我自己的问题，我通常闪烁其词。作为人事官员我需要人们的支持和信任。但我感觉他们有点儿躲着我，甚至提防我，或许他们是在回报平日里我对他们的喜怒无常和神经质吧。”

托尼的想法没有错，恰恰是因为他不善于控制自己的情绪，喜怒无常，让人觉得他有神经质，才躲着他。那么错在哪里呢？托尼显然是成功的职业人员,他的工作涉及到操纵其他同事并又离不开他们的支持和拥护,他虽然有不错的学位和职位,却显然不能对工作驾轻就熟。其症结就在于不能信任同事、尊重同事,无法良好地管理、控制自己的情绪,结果既伤害了自己,又得罪了他人。

这个世界上类似的人并不少见。许多职业人员都容易有这样的感觉:如果事情搞糟了,那就一定是别人的过失。不过托尼有一点比许多具有同样问题的人胜过一筹,那就是他认识到事情虽不如意,而过失或许在他自己。

每个人的情绪都会时好时坏,学会控制情绪是我们成功和快乐的要诀。

如你觉得伤心时,应设法找出失掉的是什么?失掉了今后能在哪里取得补偿?

如你发怒的时候,要自问:“谁得罪了我?怎么得罪的?我对那个人说了些什么?我本来要说些什么?为什么我没有说呢?”

如果你感到内疚,要知道大多数内疚来自压抑的愤怒,而愤怒又是因为心灵受伤害而产生的,那么解决的方法应该是查出心灵所受的伤害,再把愤怒引回原来它应该发泄的地方。

一切情绪,尤其是不愉快的情绪,都必须想方设法将它消减了才好。动情绪是消耗精力,于事无益的。

3. 和同事、主管相处的原则

职场中自有一套生存法则。每天与主管、同事们相处在一起,每个人的个性千差万别,在与同事相处的过程中要不产生冲突,甚至博得大家的欢心是一件很不容易的事情。然而,任何事物的发展都有其规律,只要把握了下面这几个原则,就能成为一个受同事欢迎的员工。

(1)负责的态度

认真负责是置身职场的基本工作态度。一个人在工作上尽职尽责、积极进取，等于把自己“门前雪”扫干净了，接下来的就是待人处世方面的“瓦上霜”问题了。而在公事上做到完美无缺的人，也就不必担心别人会来攻击或中伤，因为你的工作没有任何可让人议论之处。

(2)能伸能屈

大丈夫当能伸能屈。一名优秀的员工也应该能做到“能伸能屈”。“能伸”是指拥有可伸展的舞台时就要把握机会，尽情地表现，为公司也为自己打拼，力争赢得丰硕的成果；“能屈”是指当遇到挫折、难关或犯了错误时，要有赔礼道歉的勇气及改进的决心，期待下一次会有较大的进步。总之要视情况展现和锻炼自己，避免锋芒太露或意气用事，否则很可能因一时把握不住伸与屈的分寸而失去机遇。

(3)将心比心

有些人很少站在别人的角度考虑问题，以至于无意之中做了对别人不利的事、说了中伤他人的话，对人缺乏关心和体贴。当然，这样的人是不可能受人欢迎的。所以待人处事将心比心很重要，了解别人的良苦用心、辛苦付出及深厚的恩惠，就不会犯自以为是和轻薄他人的错误。将心比心可以使我们更懂得温柔待人，这是令人感觉平易近人的一种做人的特质。

(4)开朗大方

开朗大方是一种积极乐观的生活态度与人生观，保持积极活跃的精神，会让人看起来特别有朝气，工作起来也会有效率，影响所及会让大家都受到感染，使整个团体都充满活力，而这样的人也容易让人亲近和喜欢。

(5)多体谅你的主管

在职场上打拼的人，生活和工作两副担子压在肩头，常常让人喘不过气来，你的主管又何尝不是？尽管你看到他职位较高，权力较大，但是他所担负的责任与期望势必也比你多得多，况且他还得管理好手下的职员，表面上非保持一定的威严不可，有时候还真是有苦说不出啊！所以作为一名员工应该试着多体谅主管的辛苦，不要总是认为他们是高高在上、难以亲近的，敞开你的心胸，看淡一些世事，眼界会更开阔。

(6)学会赞美与请教

赞美是获得别人好感的良方妙药,不过不能太夸张,过分的赞美就和阿谀奉承没两样了。当主管善待你或作出英明的决策时,别忘了表示你适宜的赞许和欣喜,让他知道他是个成功且受人爱戴的主管。相信,此后他将更加认真地为公司与职员们谋福利,最后受益的还是职员自己。另外,要能虚心请教,不要以为自己什么都懂。很多事是不能靠自己的力量来完成的,能够采纳他人中肯意见的人才是接近成功的人,且经常向主管请教问题,会让主管觉得你是个有上进心的下属。

(7)把"要求严格"当成一种自我磨炼

有些主管就像"魔鬼训练营"的班长一样,要求非常严苛,让底下的人如坐针毡、不得安宁,有时明明觉得已经很圆满了,主管还是一副不满意的表情。遇到这样的主管,或许有人会觉得气愤难平,认为对方故意刁难、挑剔,于是心有怨恨,甚至大吵大闹,有的干脆离职了事。其实这多半是员工对主管的误解。主管要求过严,只不过说明他设的标杆太高了一些,但以主管的素质可能做得到,以员工的素质可能就做不到了。所以,作为员工应该把主管的"高要求"当成一种磨炼自己的机会。俗话说"严师出高徒",时间久了,你的素质就会有明显的提高。

4. 关系洞明是成熟

一个员工成熟的重要标志之一就是清楚地了解单位的人际关系。

我们在一个单位里工作,如果不了解单位中盘根错节的关系网络,必定会不知什么时候就"跌一个跟头"。要知道,很多事情的成功,正如战场上作战一样,迂回包抄要比正面接进攻有效得多。

不前不后是处理职场关系的最佳方式,是欲望控制的结果,是理智的化身。他要求你在办事过程中沉着、稳定,不以情绪支配言行,不受心理欲望蛊惑。"淡泊明志,宁静致远",正是这种不前不后处世态度的体现。

任何事情都是一分为二的,不前不后只是说在同事之中、在利益与荣誉面前,不过分张扬自己,不踩着别人的肩膀向上爬。不前不后只是一种过程,但从结果——自己的前途与事业而言,则必须是走在他人的前头,必须从同事之中脱颖而出。到那时,其情势将不是“木秀于林,风必摧之”,而是“众星捧月”、“众望所归”。这正是恰当地把握不前不后的分寸,为自己的事业赢得人缘与机缘。

此外,若想关系更成熟,员工还需要做到的一点就是弄明白工作的套路。在公司里,工作永远是第一位的,适应人,适应事,还需要适应工作。

(1)了解公司的组织方针

当你初到一家公司服务时,首先必须了解公司内部的组织情况。例如,设有哪些部、哪些处或哪些科等,知道每个单位所负责的工作及主管,除此之外,你还要了解公司的经营方针,以及公司的工作方法。一旦你对整个公司有了全面认识后,你日后的工作将更加顺风顺水。

(2)尽快学习业务知识

你必须有丰富的知识,才能完成上司交代的工作。这些知识与学校所学的有所不同,学校中所学的是书本上的死知识,而工作所需要的是实践经验。这就需要不断地在工作中学习,在实践中不断丰富自己的业务知识。

(3)在预定时间内完成工作

一项工作从开始到完成,必定有预定的时间,而你必须在这个时间内将它完成,绝不可借故拖延,当然如果你能提前完成,那再好不过。

(4)工作时间内避免闲聊

工作中的闲聊,不但会影响你个人的工作进度,同时也会影响其他同事的工作情绪,甚至妨碍工作场所的安宁,招来上司的责备。所以工作时绝对不要闲聊。

(5)执行任务注意事项

①上司所指示的事务中,有些事件不需要立刻完成,这时应该从重要的事情着手,但是,要先将应做的一一笔录下来,以免遗忘。

②若无法暂停正在进行的工作,以完成上司临时交办的事情,应该立即提出,以免误事。

③外出收款、取文件或购物时，要问清金额、物品数量等重要细节，然后再去。

④未充分了解上司所交代的事情前，一定要问清楚后再进行，绝不可自作主张。

⑤外出办事时，应负起责任，迅速完成，不可借机四处办私事。

(6)离开工作岗位时收妥资料

有时工作进行一半，因为上司召唤，或客人来访，或其他临时事情而暂时离开座位。在这种情况下，即使时间再短促，也必须将桌上的重要文件或资料等收拾妥当。

或许你认为，反正时间很短，那么做很麻烦，而且显得小题大做，其实问题往往发生在你意想不到的时刻。遗失文件已经够头痛了，万一碰巧让该公司以外的人看见不该看见的机密事项，那才真正叫你“吃不了，兜着走”！遇到这种倒霉事，什么样的辩解都不顶用，一切只能归咎于自己的粗心大意。

修炼五：拥有工作的激情——激情点燃你的梦想

1.勇于提出自己的看法

在工作中，与同事和上司意见相左的情况并不少见，而在老板眼中，拥有工作激情的总是那些勇于提出自己看法的员工。因此，当你有自己的想法时不妨大胆提出来，让上司和同事看到你的激情。

不过，在保持自己想法的同时，必须注意以下几点：

(1)提意见时需谨慎

向上司和同事提建议时如果言辞得当，对方还是容易接受建议的，只是倘若词语运用不当，则不能起到预期的效果。所以说，向上司和同事提建议也是一门很大的学问，并能从中看出一个员工的素养。

首先，一定要选择时机，千万不可在他人心情很坏的时候提建议。公司领导每天忙于工作，苦不堪言，有时还有许多生活中的烦恼缠绕着他。当他心情好的时候，有些建议尽管不太中听，他或许还是会接受；但假如他工作没做好或者家中有什么不快的事情，他正憋着一肚子火无处发泄，你却在这时提出自己的不同看法，特别是刺耳的良言，那就正好撞在了枪口上。也许，之后你的建议他采纳了，但他并不会记着你的功，反而会因为你当时戳着他的痛处而忌恨你，甚至找机会报复你。

因此，如果是对公司有益的建议，应在开会时提出，但切忌批评上司，如果你想提出与上司不同的意见，可以在私下里单独向领导提。如果领导有什么不对的地方，第三者也听不到，再加上你的态度谦虚诚恳，上司肯定会慎重考虑的。

(2)变通领导决策时需谨慎

在一些细枝末节，甚至一些确实关系部门系统利益的方面，你有权保持自己的自主性和灵活性。一些具体决策如果出现纰漏，或者不当，你不能为了维护上司的权威，而违心地付诸实施。实际上，如果你的上司对部门的工作是大公无私的，那么，你对决策在实施过程中所做的改动也应该是无可厚非、顺理成章的。因为大家都是为了公司的发展，为了公司的利益。

假如上司是一个通情达理的人，他自然会理解你所做的一些灵活变动。但是，如果上司不满你的行为，或者不理解你的行为，就需要你主动上门，向他解释清楚。但是无论你的上司是什么样的人，在你对他的决策做灵活变动的时候，都要做到慎之又慎，不要大张旗鼓，更不要让大家感到你是与上司故意作对。

(3)在大是大非面前要讲原则

如果工作中出现大的差错，作为领导自然是要负责任的。在牵扯到大是大非问题的事情上，由于关系到整体利益，就必须对上司提出合理的意见，不要过分迁就。因为如果在这类问题上迁就上司，对整个集体的利益会有很大损害，这不仅对上级领导不利，对自己的前途也会产生坏的影响。

(4)要主动向上司报告工作

大多数上司都是经历过大风大浪才会有今天的成就,所以常常表现得很自负。作为这种上司的下属,就必须处处为上司着想,在上司还未催促你汇报工作之前把工作的结果和经过告诉他。一个讲究效率的上司,如果下属总是在催促他之后才汇报工作,这位下属肯定会被认为是个“工作懒散”、“当一天和尚撞一天钟”的人。

汇报工作时也不是从工作过程按顺序地说到结果,最好能先讲结果。因为上司每天的工作很多,你应为他节省时间。如果你先讲出一大堆理由来,等上司不耐烦地摆摆手说“简单点儿”,你再把结论说出来,不仅使你显得很难堪,而且上司也认为“这人太啰嗦,做事不干净利落”。而如果你先将结论说出来,特别是当工作失败时用这种方法更加有效。先干脆表明工作失败了,然后再说明失败的原因,这样上司才不会把失败的责任推到你头上。因为上司并非想听你的解释,而是想知道事情的结果,至于失败的原因可在结论说出后慢慢说明。因此,同样是失败,先说与后说,给上司的印象也会截然不同。

2.激情来自于你的业绩

工作的激情来自你所产生的绩效。很多人工作之所以不快,就在于他们的工作任务总是完不成,每天没完没了地加班,结果还是没有绩效,上面被主管批评,下面随着工资的缩水,回到家因无法说清楚原因,家庭关系让他们更是烦恼不已。

那么,我们怎样才能顺利提高自己的个人绩效呢?

(1)认识效率的重要性

很多人都遇到过这样的情形:工作堆积如山,压得人喘不过气来,不知从何入手,而这时老板却又偏偏给你布置下来新的任务……而造成这种不快乐局面的“罪魁祸首”,就是拖延。一小时就应该完成的工作,拖到两小时才慢吞吞的做完，把上午就应该完成的工作，拖到下午，把今天的工作拖到以后去做……在这些拖延中，你耗尽了所有的时间和精力，结果，憧憬、理想和计划，都在拖延中落空，工作评比也只能眼看着别人领先自己，暗中徒生懊悔。

(2)拥有激情

永远也不要受"不求有功，但求无过"思维方式的干扰。激情工作的员工，总是把工作当作自己的天职，以积极的态度去迎接。因为他们知道，你用激情去追求工作中的快乐，带来的结果是令人欢欣鼓舞的。

①绝不拖延

拖延的恶习主要表现为过分谨慎、缺乏自信。只要充分相信自己，激情工作，不但能走出眼前的困境，还会发现，上午的工作上午就能做好，今天的工作就在今天也能做好，绩效原来如此简单而快乐！

如果有一件工作终究得你去做的话，就不要反复问自己："我要做它吗？"因为这个问题的答案已经是确定，你应该做的只是：将你决定要完成的期限写在笔记簿上，然后准时去做。一件看起来很难的事情，有时候只需要几分钟就可以开个头。常常对自己说："我要完成它！"以这种充满激情的态度做事，并立即行动起来，没有不成功的道理。

②自我激励

人开心的时候，体内会发生奇妙的变化。如果选择一种乐观和积极向上的态度，那么，你很快就会变得乐观和积极向上。假设你正面临着一个很急的任务，而公司的网络系统却遭到破坏。这时，保持一种积极的态度比情况正常时显得更为重要。这不仅会减轻你的压力，也能够使你更加专注于你所要完成的任务，而不是焦虑不安和惊慌失措。

关注绩效的同时，优秀员工总能把握好情绪，找出自身的情绪高涨期并不断激励自己，从而获得新的动力。

③找对方向

当情况看起来似乎很糟糕的时候，你应该看看自己是否搞错了方向。当你看着太阳的时候，你不会看见阴影。向后看只会使你丧失信心，向前看才会使你充满自信。当前景不太光明的时候，试着向上看——那儿总是好的。

搞错了方向，不但浪费精力，还会有生命危险。所谓找对方向，在这里，指的就是把主要精力放在能事半功倍的工作上，根据客户的不同需求而改变服务，真正让客户感到满意。

④关注组织的绩效

企业绩效永远是企业的重点。个人绩效完成就万事大吉的想法对企业没有好处，对个人也同样没有好处，因为，公司就是你的船，你在这艘船上，个人的生死安危与船同在。优秀员工普遍有这样一个共同的特征，那就是，他们总是为着企业共同的目标作贡献，知道企业要求和期望于他的是些什么贡献。

尽量多关注企业的绩效吧，时刻准备伸以援手，对后进的同事给予帮助，为老板分担忧愁。如此，你的事业和精神，都会有了不起的进步。

3. 寻找自己的伟大之处

激情成就你我，而若想要保持长久的激情首先就需要肯定自己，对自己充满信心。因此，每个人都必须寻找到自己的伟大之处。善于肯定自己，是员工拥有良好素养的体现。

(1)告诉自己“我很重要”

每一个人，无论他默默无闻或身世显赫，文明或野蛮，年轻或衰老，都有成为重要人物的愿望。如果你能以“我很重要”的态度去做事，即使在最平凡的岗位，也能成为最优秀的一员。

每天都对自己说“我很重要”，并让它深入到自己的潜意识之中。久而久之，这样的心理暗示就会成为你激情工作的源泉，促使自己成为企业内部的伟大人物之一。

(2)具有独创性

无数事业有成的人，在谈到自己成功时，都提到他们很热爱自己的工作，对工作抱有无限的激情。正是这种激情带给他们战胜困难、挑战自我的勇气和信心，他们在工作中经常会有独创性的绩效和快乐。

比如，有一天，你被公司派到远方去执行某一项任务，经过调查后，你发现情况不妙，但向老板请示又来不及了。此时你可能会手足无措。但具有独创性的员工，会立即给老板发电报，在汇报情况的同时，请求自主行事的权力。结果，他赢得了时间和机遇，很顺利地完成了此次出差的任务。

创新是企业的灵魂，但创新并不是老板一个人的事，作为企业的一员，要随时最大限度地激发自己的创造力，为企业提升竞争力，提供源源不断的独创性的绩效。

不要仅用世俗的标准来衡量自己的工作，不妨提醒自己：工作不仅仅是为了面包。

(3)有错就改

许多年前，曾发生过300条鲸鱼突然死亡的“重大新闻”。这是什么原因引起的？原来，这些鲸鱼追逐沙丁鱼时，不知不觉被困在了一个海湾。鲸鱼因为追逐小利而暴死，为了微不足道的目标而空耗了巨大力量。

效能是把工作做对，而效率是做对正确的事，前者着力于工作能力的培养，后者着力于对工作目标的了解。对某些特定的任务，你可能相当有效能，但如果任务对你的工作不是很重要的话，你可能就不是那么有效率了。

成功人士所犯的错误一点也不比失败的人少，只不过他们从不犯同样的错误。因此，有人说，最不可原谅的行为是屡次犯同样的错误，这样的人，无论从事什么样的工作，都不可能取得好的成绩。

面对错误，正确的态度是，重新认识它并找出办法来处理它，比如发动一场临时的“闪电战”，将其处理掉。这样做的意义在于，清除了障碍。再多一点激情去工作，就能达到或超越既定的目标。

4. 激发你的工作激情

在事业与激情之间,事业是首要的,而事业的激情是最为根本的,因为事业的观念不转化为激情,就没有来自生命深处的行动。只讲道理是不够的,空洞地鼓动人的激情也是不行的,只有把观念转化成激情,企业才能找到活力之源,这正是现代企业成功的秘诀。

所谓事业的激情,实际上是一种敬重自己生命和敬重自己生活的激情。当我们将工作看作自己的生命而被一种事业的激情所支配,我们就会发现自己的生活在顷刻之间发生了变化,每天上班不会感到只是为老板打工而无精打采,而会感到在过一种自己选择的生活而情绪饱满;我们做一个产品不会感到这与我无关而敷衍了事,而会感到将一个产品做到最好是我的责任、智慧、才能和毅力的见证,从而全心全意地投入。

人在激情的支配下,常能调动身心的巨大潜力。可是激情在哪里?如何在工作中运用它来提高工作效率和快乐感呢?很多人百思不得其解,为此心烦意乱。其实,激情不是浮尘,也不是幻想;激情是执著于当下,全身心投入,激情是做好工作的一种素质。

作为企业的一分子,带着激情来工作是实现人生价值的最佳途径。要想成就一生的事业,需要从现在做起,时刻保持高度的敬业激情。只有这样,你才能在工作中学到更多的知识,积累更多的经验,以时间为经、工作为纬,编织出美好的未来。

(1)摆脱金钱的困扰

没有老板会喜欢一个平庸的员工,尤其是那些被金钱所困扰的员工。工作,就要懂得自己为自己设计和搭建舞台,只有自己才能成为自己的主角。当处于某些职位低、薪水少的岗位时,要以激情工作的态度对每一天,不知疲倦地努力工作,展示你的无私和无畏,展示你迷人的工作形象,多为客户着想,把自己最优异的工作成果奉献给客户。如此,即使在平凡的工作岗位上,也会做出最出色的成绩。

要想摆脱金钱的困扰，还要积极表达感情，换句话说，就是“我喜欢我的工作！”每天早上对自己说“我爱我的工作，我将要把我的能力完全发挥出来”。

感情表达得越积极，老板和同事就觉得你越有魅力，这样就能赢得广泛的称赞和机会。

(2)消除惰性

管理学大师汤姆·彼得斯说：“如果你所工作的企业没有激情、没有活力、没有创造性、没有好奇心，有的只是单纯的兴趣，你就碰到麻烦了，而且是大麻烦。”

不管你的资质有多高，不管你的见识有多广，一旦自作聪明，懒惰散漫，就会聪明反被聪明误。

不要以为自己是天才而自命不凡，就算是天才，如果缺少激情，缺乏事业至上、勤奋努力的精神，同样会最终沉沦，徒然观望他人的事业不断取得成就，而自己却在懒惰中消耗生命，毫无意义地度过一生。

(3)凡事全力以赴

“路漫漫其修远兮，吾将上下而求索。”优秀员工认为，工作就是事业，并且相信没有最好只有更好，凡事只有全力以赴，激情工作，才能吸引别人，发展和完善自己。

2004 雅典奥运会女子排球，中国队在先失两局的不利情况下，把全部力量都投入进去，竭尽全力连扳三局，最终击败俄罗斯女排获得冠军。这不仅仅是奥运精神，一个人无论从事何种职业，都应该尽心尽责，尽自己的最大努力，求得不断的进步。

一位先哲说：“如果有事情必须去做，便全身心投入去做吧！”另一位明哲则道：“不论你手边有何工作，都要尽心尽力地去做！”一个人一旦领悟了全力以赴地工作能消除工作辛劳这一秘诀，他就拿到了打开成功之门的“钥匙”。

第二章　改变你的习惯:现代员工的职业精神修炼

俗话说,你入了“山门”就要遵守“山规”,而进了职场就要遵守职场的“职规”——修炼良好的职业精神。只有修炼好了内在的精神,我们才能自发地改变曾经的不良习性,坚韧不拔、奋发向上。

修炼六:忠于职守,企业为家

1. 恭敬不如从命

当呼唤诚信成为一个社会急需的声音时,人们的信任便达到了一种危险边缘状态。忠诚是一切社会规则存在的基石,更是企业赖以竞争的盾牌。因此,忠诚相对于其他品质来说,就显得更加重要。员工无论具有何种能力,都必须首先忠诚于上司,忠诚于企业。

"恭敬不如从命",这一条中国古老的至理名言,谆谆告诫着后人:对上司,服从是第一位的。下级服从上级,是上下级开展工作、保持正常工作关系的首要条件,是融洽相处的一种默契,也是上司观察和评价自己下属的一个尺度。

在一些公司里,经常碰到一些纪律观念不强、服从意识差的人。他们就是上司最感头疼的"刺头"和"蒿草":这些人或是一无所求,上进心不强,对上司吩咐的工作满不在乎;或是自以为怀才不遇,恃才傲物,无视上司。

人的生命,总是在满意与不满意、愿意与不愿意的无休无止的交织中消磨、延续。"满座笑语,独一人向隅而泣"的滋味,几乎每人都品尝过。身临此境,也许你的忍耐比力量更有效。忍耐是智慧美丽的形象,暂时的忍耐后你可以巧妙地表示自己的不满,但绝不可让不满情绪爆发,要控制好自己。你以自己的宽阔胸怀,坚持"服从第一"的原则是聪明之举。这样做,上司会心知肚明,知道你在情感上掩藏着极大的不满,但理智地执行了他的决定,他在下属心中的地位不问而知。对你的气度和胸怀,他也不得不佩服甚至敬重之情油然而生。你暂时的忍耐比足赤真金还要昂贵。否则,顶撞上司,使自己与上司的关系在某个特定时段陷入紧张状态，进入不愉快的合作氛围之中。缓和、改善这种僵局所付出的代价可能比你当初忍辱负重的服从还要大出几倍或几十倍。“早知今日，何必当初”的感叹为时晚矣！没有哪一个人会永远一帆风顺，所以无论是狂风暴雨还是艳阳高照，都应以平常心去对待，暂时的忍耐，巧妙的服从，也是一种人生策略。

2. 服从即是最大的忠诚

服从也有是否善于服从、善于表现的问题。认真地回想一下你就会发现这样一个事实：在企业或公司里，同样都是服从上司、尊重上司，但每个人在上司心目中的位置却大不相同，为什么？这一问题的关键是你是否掌握了服从的艺术。有的人肯动脑筋对上司布置的任务在完成的过程中勤汇报，勤请示。古人说：“好人出在嘴上。”这样主动出击，经常能让上司满意地感受到他的命令已被圆满地执行，并且收获很大。相反，有的人却仅仅把上司的安排当成应付公事，被动应付，或我只要认真完成任务就可以了，不重视信息的反馈，甚至“先斩后奏”或“斩而不奏”，甘当无名英雄，结果往往是事倍功半。

为了表现自己的忠诚，员工应以主动服从为第一要义。在具体工作中应从以下几个方面来表现：

(1)积极配合有明显缺陷的上司

我们所处的时代，是科学文化技术飞速发展的时代，有些上司原来文化基础较差，专业知识不精。这样的上司，在下属心目中的位置也就不高，越是这样，越对下属的反应敏感。你不妨借鉴他多年的管理经验。以你的智慧与才干弥补其专业知识的不足，在服从其决定的同时，主动献计献策，既积极配合上司工作，表现出对上司的尊重与支持，又能施展自己的才华，英雄有了用武之地，成为上司的左膀右臂，上司不但会记住你，更会感激你。一分汗水，一分收获，何乐而不为呢？

(2)在服从中显示才智

上司非常重视那些才华出众的“专家型”下属。因此,他们服从与否,直接决定上司的决策执行水平和质量。所以,如果你真有水平,想发挥自己的聪明才智,就应该认真执行上司交办的任务,巧妙地弥补上司的失误,在服从中显示你不凡的才华,这样,你就获得了好于他人的优势。智慧加巧干,会使你成为上司心理天平上一枚沉甸甸的砝码。

(3)勇于承担任务

当上司交代的任务你执行起来确实有难度,其他同事又不愿承担时,你要有勇气出来承担。有位大学生临毕业应聘时去请教他的教授,教授给了他一件法宝,那就是让这位毕业生对老总说:公司里没有人干的活尽管分给我。这个大学生半年后成了公司的副总。

某企业单身职工姜某患肝炎住进了医院,上司动员同事们去做经常性护理。大家面面相觑,无人表态,上司很尴尬。最后,有一位年轻的小伙子主动站出来,为上司解了燃眉之急。上司大为感动,会上表扬,私下感谢。

可见,关键时刻服从一次,替上司分忧解愁,胜过平时服从 10 次,而且还会深深打动上司,使其铭记在心。

(4)主动争取上司的认可

很多上司并不希望通过单纯的发号施令来推动下属开展工作。一位资深上司曾说:“请求上司的下属比顺从上司的下属更高一个层次,是一种变被动为主动的技巧,它不仅体现了下属的工作积极性、主动性,还增加了让上司认识自己的机会。”这种工作方式已越来越为现代型的上司和下属重视。

(5)关键地方多请示

聪明的下属善于在处理关键问题时向上司多请示,勤汇报,征求他的意见和看法,把上司的想法融入到自己的工作中。关键处多请示是下属主动争取上司好感的好办法,也是下属做好工作的前提。上司的职权主要是把握工作大局,掌握关键环节。许多企业领导层中不乏能力和精力超群的人,但即使这样,他们也不可能对管辖范围中的所有事情、所有地方都关注到。一些很有办法的领导者总是把自己从众多纷繁复杂的具体事务中摆脱出来,专事宏观管理和控制关键环节。因而,这些地方也就成为了领导者关注和敏感的区域。

许多人并不了解领导者的这种心理,使自己的请示无的放矢,把握不住关键,凡事不论大小,从不自己决定,统统推给领导者,反而给领导者增加了负担。

可见,凡事无论大小都向领导者请示并不是明智之举,领导者主要精力是管理大事和把握关键、统领全局。无关紧要的事会让他产生权威性被降低的感觉。因而,请示的问题必须是关键的、有价值的,这样才能更好地使领导者感受和体会到自己权力的有效性和价值。还有一些人喜欢自作主张,事无大小,只要领导者交给他办,就不用领导者再过问了,一切由他包揽。也有人害怕请示,总是想:"我向上司请示问题,他会不会觉得我水平低、独立性差?"不请示害处更大,如果在关键处出了问题,下属肯定是吃不了兜着走。同时,上司也受到牵连,不能不承担责任,结果对大家都不利。

3. 积极评价你所在的企业

积极评价自己所在的企业会让你对企业产生深厚的情感,愿意与企业共同成长,并将这种积极性转化为工作的使命,为实现企业目标奉献自己的聪明才智,发挥自身最大的作用,以帮助企业实现战略目标。

根据全球领先的人力资源管理咨询公司韩威特咨询有限公司对世界500强公司的最佳员工调查发现,企业管理者十分看重员工激情行为三个方面的表现:一是积极评价自己的公司,不断向同事、潜在同事,尤其是向客户高度赞扬自己的公司;二是渴望留任,强烈希望留在公司;三是竭尽所能,付出额外的努力,并致力于那些能够促使公司成功的工作。

朗讯公司CEO鲁索说:“我相信忠诚的价值,忠诚于企业是伟大的延续,我从柯达重回朗讯,承担拯救朗讯的重任,就是凭着心中的那份忠诚。我一直把唤起员工对企业的忠诚作为自己努力的目标。”

对于企业来说,忠诚能够增强凝聚力,提高效益,提升竞争力;对于员工来说,忠诚够加速与其公司的融合速度,培养对公司的责任感。

(1)把工作当成事业来做

“不要问你的国家能为你做什么,而应该问你能为国家做什么。”这是约翰·肯尼迪在其总统就职典礼上说的经典话语。问自己能做什么,不仅是一个国家,同样也是企业、个人乃至生活中获得成就的基本准则。

把工作当事业做,是一切优秀员工的共同特征。要收获什么,就要先栽种什么,这比坐等好运从天而降可靠得多。满怀激情地投入到工作之中,对自己从事的职业产生兴趣,主动钻研,以强烈的求知、求深的欲望行动,你就会成为一个值得信赖的人,一个老板乐于雇用的人。

(2)认同企业的使命

富兰克林,大家都知道他是美国总统。他的总统一职,是经过长期的奋斗得来的,开始时,他只是一名小小的印刷厂学徒工。研究者认为,成就富兰克林的就是事业上的强烈使命感。

我们来看看一些著名企业的企业使命:

·微软公司:我们的使命是创造优秀的软件,不仅使人们的工作更有效益,也要使人们的生活更有乐趣。

·松下公司:我们的使命是制造像自来水一样丰富的物美价廉的产品。我们以此摆脱贫困,给人们的生活带来幸福,使世界变得更加美好。

·索尼公司:改变生活状况,引入新的娱乐方式,提供新时代的技术和数字概念,与国内产业携手合作,通过承诺优质服务拉近与客户间的关系。

·宝洁公司:提供名优产品,真正改变客户的日常生活。

·海尔集团:敬业报国,追求卓越。

·深圳新大陆水务集团:以造福人类的无比自豪感和责任感,为社会

提供纯净、健康、安全的生活源泉，美化生存环境。

……

使命是企业成长的原动力，心胸有多宽广，事业就有多大。然而，使命感并不仅仅是企业家的事情，它最终都要落实到每个员工身上。

视工作任务为使命必达，这样的员工不但具有钢铁一般的意志，更以极强的探索精神投入工作；视工作为使命，不是被动地去适应新使命的要求，而是主动地去研究、变革所处的环境，尽力做出一些有意义的工作，及对企业来说至关重要的贡献。

每一位员工，都应该在工作中时刻提醒自己——积极评价所在的企业是我必备的素养！

4. 忠诚可加薪

企业需要忠诚的员工，上司需要忠诚的下属，忠诚往往能得到上司意外的奖赏。

有位专家将员工不忠心概括为五个方面：

① 不甘寂寞，频繁调动；

② 缺乏主动，责任心差；

③ 多种兼职，副业为主；

④ 多吃多占，损公肥私；

⑤ 出卖情报，收受回扣。

《财富》的专栏作家托马斯 · A. 斯蒂文说："一个顾客决定是忠心还是背叛都是由在你公司的一系列遭遇的总和构成的。"有关研究也发现，员工对工作和公司的态度是导致员工在顾客面前表现的两个重要因素。而员工对顾客的所作所为又导致了顾客是否再次惠顾和是否向其他人推荐产品的可能性。这两个因素也就预示着公司财务上的状况。如果你拥有忠诚的员工，那你也就得到了顾客的忠诚。

因此,对员工的忠心显然要引起重视。在这里,艾科公司的忠诚奖励制度值得借鉴。我们不得不提的是,他们真的与众不同。

他们非常重视员工的忠诚度。通常,公司是通过多种方式奖励员工对公司的忠诚者。如在公司刊物上表彰、发放节日纪念品、加薪酬等。在艾科公司,为公司服务了20～30年的员工比比皆是。艾科公司不鼓励员工长期留在公司里,而是要求员工有优秀的工作表现,对于公司的工作要求和业绩发展都有明显的贡献。

作为一个员工,忠诚的心态是很重要的。在企业工作,就要忠诚于这个企业;为上司工作,就要忠诚于上司。这对于员工来说,是最需要具备的品质。

修炼七:注重细节,成就完美

1.接受任务时准确领会上司的意图

无论你处于何种职位,都不可能没有上司(除非你是最高管理者)。与上司打交道,我们一般会经历如下程序:接受指示、命令;执行任务;工作完成后的汇报。

一切工作都是从接受上级指示和命令开始的。当上司委派工作时,我们应立即停下自己手中的工作,准备记录。我们不应打断上司的话,要边听边总结要点,要充分理解指示的内容,明确完成工作的期限和主次顺序。当然,为了更好地理解上司的意图,我们可以要求上司解释一番,但若是你心不在焉,上司讲话的时候要"再说一次",上司马上会觉得这个人对自己不恭,从而影响他对你的信任。

要学会尊重你的上司，对上司做出的正确决策，应及时、切实地执行。

如果上司做出的决策确实与你的思路相差甚远，那也不妨首先执行这个决策，然后私下里找领导交流一下，提出你的看法，通过交流弄清上级领导作出此等决策的意图。这样，你才能知道在实际工作中，通过何种途径，在什么程度上贯彻上级决策。

无条件执行并不表示没有个人看法，但是出于对全局的考虑也不要干出彻底否定上级决策的事儿。因此，对上级的决策应在实行的过程中揣摩其意图，把握好渗入个人意见的分寸，从而达到预期的工作效果。

准确了解上级领导的意图是你与上级领导搞好关系的前提条件。每位上级领导由于各自背景的不同，其工作方法和思维方式也各不相同。因此，与不同的上级领导相处时，应根据其性格、思维方式，因人而异地选择工作方法和处理方式。

了解上级的性格、工作方法和思维方式，不仅可以在实际工作中去揣摩，还可以通过各种途径，如单位聚会、与领导一同出差等机会与其交流，增进彼此了解，以便在工作中更好地配合领导的意图，提高工作效率。

2. 汇报工作时先汇报结论

在工作完成之后，你应如何汇报工作？前面我们有提到先汇报结果。但具体该怎样做呢？在做汇报准备时，要把汇报的内容整理记录好，对比较复杂的东西写成正式报告材料；汇报时，首先汇报结论，然后介绍经过及补充说明。但汇报的内容应都是事实，不要加上自己的主观判断和推测。

一个合格的职员，应该具备写出高质量工作报告的能力。工作报告要求既从宏观上把握，又能突出要点、层次清晰、论证明确、条理清楚、主次分明，文笔要求朴实、贴切。工作报告是上级对你进行考察的主要依据，所以必须认真对待。作为新上任的部门主管更要谨记及时写工作计划并交给领导检查，计划以务实、可行为原则。每期工作结束时附以翔实的工作报告,会使上司更加欣赏你的能力。领导有领导的工作,他不可能把每件事都管过来。领导把某项工作交给你干,是对你的信任,是对你工作能力的肯定。如果事无巨细,遇到一点小问题就去向领导请示汇报,领导就会怀疑你的能力了。

琐碎的事不必一一向上级汇报或请示,可以在自己的权限之内,凭自己的判断,把事情处理得干净利落。对于权限之外的事就不能拖拖拉拉,应该即刻向上级请示。

一位公务员,在异地执行任务时,发现情况远不像当初预料的那么简单,需要上级赋予他自主行事的权利。于是他在给上级的电话汇报中,先汇报了情况,然后说:"当您听完之后,请不必急着下指示,我们这里有您的一切指示。我将根据情况随时向您报告我们的行动。"多么巧妙!他既向上级表明了情况的复杂,请让我自主行事(当然在权限之内),同时也告诉领导,不必担心,我已领会了领导的意图,不会把事情弄糟,而且我会向上级及时汇报。果然,领导在电话中告诉这位公务员放心大胆去干,出了问题由他负责。这位公务员的行动赢得了上级的欢心。

这位公务员的成功之处很值得学习。如果他一步一汇报,一步一请示,领导对他也就不会那么放心了。请求次数多了,甚至会让他的上级反感,那还谈何让上级赏识呢?

3. 对待批评要注意态度

在受到上司批评时,你应把握以下几条原则:

(1)受到批评最忌满不在乎

很少有领导把批评、责训别人当成自己的嗜好。既然批评,尤其是训斥容易伤和气,因而他在提出批评时也是要慎之又慎的。而一旦批评了别人,其中就有一个权威问题和尊严问题。如果你对批评置若罔闻,我行我素，其效果也许比当面顶撞更糟。因为，你的眼里没有领导。

(2)对批评不要不服气或牢骚满腹

批评有批评的道理，错误的批评也有其可接受的出发点。更何况，有些聪明的下级善于“利用”批评。也就是说，受批评才能了解上级，接受批评才能体现对上级的尊重。所以，批评的对与错本身有什么关系呢？比如说错误的批评吧，对你晋升来说，其影响本身是有限的。你处理得好，反而会变成有利因素。可是，如果你不服气，发牢骚，那么，你这种做法产生的负效应，足以使你和领导的感情距离拉大，关系恶化。当领导认为“批评不得”时，也就产生了相伴随的印象——认为你“用不起”，“提拔不得”。

(3)受到批评时，最忌当面顶撞

当然，公开场合受到不公正的批评和错误的指责，会给自己造成被动。但你可以一方面私下耐心作些解释，另一方面，用行动证明自己。当面顶撞是最不明智的做法。既然是公开场合，你下不了台，反过来也会使领导下不了台。其实，如果在领导一怒之下而发其威风时，你给了他面子，这本身就埋下了伏笔，设下了转机。你能坦然大度地接受其批评，他会在潜意识中产生歉疚之情，或感激之情。

靠公开场合耍威风来显示自己的权威，换取别人的顺从，这种不聪明的领导是很少的，如果你遇到的是这样的领导，你当然可能在适当的机会给他以“反批评”。但你若真遇到这种领导，更需要大度从容，只要有两次这种情况发生，丢面子的就不再是你，而是他本人了。此外，和领导发生争论，要看是什么问题，比如你对自己的见解确认有把握时，对某个方案有不同意见时，你掌握的情况有较大出入时，对某人某事看法有较大差异时，等等。切记：当领导批评你时，并不是要和你探讨什么，所以此刻最好不要与领导发生争执。

(4)不要把批评看得太重

绝没有必要把一两次受到批评和自己整个前途命运联系起来，觉得一切都完了，天昏地暗，灰心丧气。如果领导批评了你，你就一蹶不振，打不起精神，这样会很让领导看不起。如果你是这样一种表现，以后领导可能再不会批评、指责你什么了。可是,他也就再不会信任和重用你了。

(5)受到批评不要过多解释

受到上级批评时,反复纠缠、争辩,希望弄个一清二楚,这是很没有必要的。确有冤情,确有误解怎么办?可找一两次机会表白一下,点到为止。即使领导没有为你"平反昭雪",也完全用不着纠缠不休。这种斤斤计较型的部下,是很让领导头疼的。如果你的目的仅仅是为了不受批评,当然可以"寸土必争"、"寸理不让"。可是,一个把领导搞得筋疲力尽的人,又怎么晋升呢?

4.处理同事与你争功的技巧

当你挖空心思想出一个好主意,或者你勤奋工作为公司发展做出了重大贡献时,却有人试图把这份功劳归为已有。面对这种情况,该怎么办?很多人大概都会整天觉得气急败坏,甚至想着伺机报复,其实这大可不必。只要你掌握了以下几个小细节,那么你就能将事情巧妙处理。

(1)用短信澄清事实

写封短信,委婉地提醒对方,自己当初随便提出的想法,是怎样演变到今天这个令人欣喜的样子。在信中适当的地方,你可以写上有关的日期、标题,可以引用任何现存书面证据。

在短信的最后,要建议进行一次面对面的讨论,这是很重要的。这能让你有机会再次含蓄强调一下你的真正意思:这主意是你想出来的。

(2)夸赞抢你功劳的人,然后重申功劳是自己的

要再一次对这位同事的独一无二的才能和见解大加赞赏。这种方法对职业女性来说特别重要。很多研究者发现,女性员工喜欢从"我们"的角度——而不是"我"的角度来做事,所以她们的想法和首创就常常会被男性同事挪用。如果着眼于事情的积极面——你的同事也是想方设法要干出最好的工作,而且他(她)对要做的事情也有独到的看法。这也许会有助于你解决这个可能很棘手的问题。

(3)退出争夺战

初看起来,这似乎不是一种方法,或者不能算是一种很好的方法。但对某些人来讲,这或许是最好的。你应该问一问你自己:哪个更重要,是把这个想法付诸实施,还是独自拥有想出这个点子的名誉?在做出决定时,应该考虑一下,要打这场“官司”得花费多少精力。如你正要接受一次重要的提升,要付出大量的时间和精力;或者除了“原则问题”之外其他并无妨碍,而要证明所有权只能使你疲惫不堪……也许还会让你的上级生气,让他们纳闷你为什么不能用你的时间来做点更有意义的事情。在这些情况下退出争夺战显然是明智之举,是上上之策。

巧妙处理好同事与你争功的事情,是职场中人都需要掌握的一种技巧。稍微改变一下你常有的冲动做法,准确把握某些微小的细节,你会发现你的职业素养又提高了一个层次。

修炼八:积极进取,追求卓越

1. 做个用心工作的上班族

“敬业乐群”这四个字拆开来看很容易明白,“敬业”就是要尊敬你的工作,“乐群”则是与同事间关系良好没有芥蒂。其实这应该是非常容易做到的事情,只不过职场环境太复杂,人心跟着复杂起来。只要大家没有利害关系,人与人之间要做到真诚并不困难,但因为如今的社会竞争过于激烈,为求在职场升位自保,各式各样的钩心斗角总会轮番出演,除了搞得办公室气氛诡谲以外,有的同事之间更是形同仇人一般。也就为了“五斗米”嘛,既无必要摧眉折腰,也无必要把心机用尽。

人与人之间的缘分真的是很难说的,常言说“不是冤家不聚头”,你是不是相信“随缘”二字?看看这两个字,再看看你与同事之间的关系,难免觉得很有点讽刺意味。有人每天对着那两个字,而行为却大反其道,这不啻为人间一大怪事!其实要与同事和睦共处并不是一件难事,就看抱着什么样的心态了。

(1)心态正确

人心正则关系正。不要常去想一些害人的小把戏或只顾钩心斗角，要相信正迟早会压邪。常以正直的心态待人，迟早会获得尊重。

(2)不伎不求

在职场上只要做事情干工作，就会处在是非中，而且干得愈多，涉及的是非也愈多。如何让自己远离是非呢？就是不要妄求太多不合理的东西，正所谓“得之我幸，失之我命”，这并不是要教您相信宿命，而是要告诉大家：过于妄求只会增加痛苦，也会让自己心理失衡。

2. 培养你的进取心态

能够促使一个人积极主动工作的关键因素是进取心。进取心是一种很神奇的东西，它能够驱使一个人在不被人监督和敦促的情况下主动去做自己该做的事。进取心强的员工在工作时，不会有压迫感，他们能够体会到工作的乐趣。这时候，工作对他来说就不再单纯是一份工作了，而是一种其乐无穷的游戏。

因此，一个人万万不能丧失的就是进取之心。如果自己不求上进，自暴自弃，就是上帝也无法挽救。进取心态虽然不能直接对我们的事业产生影响，但却是垫高自己的“鞋垫”，使我们无形中比别人高出一分。

如果一名员工在工作时，只有当别人注意他的时候才好好地表现，那么他永远不会取得良好的工作成绩。只有那些积极主动地将工作做到最好的员工，才能得到更多的奖赏。如果一个人能抱着积极主动的态度做事，那么他无论从事什么工作，都会得到领导和同事们的喜欢。这样的人，还用愁在职位上坐不稳吗？

如果你想在自己的工作职位上长期、稳定地做下去，应该做到以下两点：

(1)永远保持积极主动的精神

如果看到了自己应该去做的工作，不要等老板交代再去做，即使你面对的是一件毫无挑战性且你认为没有丝毫乐趣的工作，你也要勇往直前。

另外，当你接下了老板交代的工作后，你也应该把它们做得比老板要求得更加出色。这样，你不仅不用担心自己的职位不保，而且还会得到老板的赏识。

(2)主动为自己的所作所为承担责任

那些居高位、负重任的人，都能勇于为自己的行为承担责任，从而得到他人的认可和信任，这样的人往往能够功成名就。

如果想让自己成为一个有进取心的人，就必须先克服做事拖拉、懒散的恶习，养成立即行动的好习惯。永远不要把今天的事情留到明天或万事俱备后才去做，那样你只能永远等待下去了。要知道，像“明天”、“下星期”、“将来”之类的词儿与“永远不可能”有相同的意义。

那些一生都碌碌无为的人，常常是没有主动性的人。他们从不会自觉地去做自己该做的事，有时甚至老板把事情交代下来后，他们也不会立刻行动。他们在私底下常常会用一种颓废的口吻说“过一天算一天吧”、“对付着混口饭吃就行了”、“只要不丢饭碗就可以了”。这种人，遇到什么事都会抱着漫不经心的态度，他们似乎宁愿一辈子待在山谷里，也不愿意花点儿力气爬上峰顶，看看大千世界的美好风光。

3. 全力以赴去工作

我们常常在说“尽力而为”，却很少听人说“全力以赴”。然而，要想在工作中追求卓越就需要将“全力以赴”注入自己的言行。

(1)将心注入工作

星巴克的创始人霍华德·舒尔茨曾在《将心注入》中写：一个人事业是否成功的关键，就是他有没有将心注入到工作中去。

很多时候，我们在做着一项工作，而心却始终游离于它。有人将工作的境界做了一个形象的比喻：

把一只桶填满的第一层次是，在里面放几个石块就满了；第二层次是，再填一点小石块满了；第三层次是，再放一点细沙进去就更满了；第四层次是，再注入一点水进去才算真正全满。

我们的工作，往往就如同这四个层次。粗枝大叶地填几个石块，也可以说已经完成了工作，很多人以为这就是全力以赴了，其实这是一种应付的状态，完成别人交给我的工作；第二层次，开始有点探索的精神，想把工作做得更好些，但标准依然不高；第三层次，就处于一种用心的状态了，努力把工作做得更好；而第四层次，才是一种全力以赴的状态，是一种追求内心完美的境界。那么，全力以赴的力量来自于哪里？

① 内心的渴望；

② 对于理想的执著；

③ 心中对美好的追求；

④ 让自己欲罢不能的梦想。

(2)超越预期去工作

做任何事情，要想做得出色，就应该要做得比预期的好一点。

① 每天比别人多做一点点

《最伟大的推销员》中有句话，“我再去敲一家门”，每天让自己比规定的多敲一家门，而很多机会就在这最后的一家门里面。真正优秀的员工，总比常人多走了一步路；发展很快的人，总会无怨尤地去做一些“分外”的事情。

②每天比他人早做一点点

实际上，人的智力水平都差不多，而关键看各人付出的努力程度。有位作家这样说：“假如我要有灵感才开始写，我就永远也不会动笔了。就算你还没做好准备，你也要这样开始，因为灵感是会陆续出现的。”做很多事情，是需要马上行动的，错过了这个时间，我们往往就失去了做事的原动力。做任何时候都能够做的事情，常常永远都不会有时间去做。我们需要的是：马上办，不拖延，比规定的时间尽量早一些。

③每天比别人巧做一点点

唯有创造才是社会进步的源泉。因此，我们要不断地坚持学习与工作中的创造，每天改进一点点，坚持下去，我们的工作就会上去一个大台阶。

4. 在平凡工作中追求卓越

付出很大的努力之后,你是不是觉得工作越来越费劲了,是不是开始变得拖拉起来,因为觉得自己能力有限?你对自己的目标还在迟疑什么,拖沓什么?要想在平凡的工作中追求卓越,赶紧行动起来才是最好的选择。

(1)立即行动,赶走拖延的"魔鬼"

很多时候,我们在努力工作很长一段时间之后,就会慢慢变得拖拉起来。那么,我们该怎样告别心中拖拉的"魔鬼"?

① 别再给自己任何借口,只要认真去完成工作即可。现在如此,以后也如此。

②看看办公室是不是被你弄得狼藉不堪?立即行动,清理一番,给自己一个崭新清爽的环境很重要!

③从现在开始,告别以下借口:

"我没有足够的时间。"

"那个客户太挑剔了,我无法满足他。"

"我可以早到的,如果不是堵车。"

"我没有在规定的时间里把事做完,是因为……"

"我从没这么做过。"

"对不起,我现在休息,半小时后你再来电话吧。"

……

④ 随身携带一个小本子和一支笔,不管想法多小,只要你觉得有用就马上记下来。

(2)从今天开始高效地工作

激励自己不断进步、不断提高,是世界上最伟大的行为。而要真正做到高效工作,则需要做到以下几点:

第一,学会坦然面对。质疑自己对工作和快乐的看法,坦诚面对真实的自己,客观分析自己是因为合理的理由还只是出于习惯而拒绝改变已有的观念。

第二,放慢脚步。大家经常行色匆匆,对效率、速度顶礼膜拜。其实,我们原本不必如此。在每天的生活中，我们不妨留心身边正在发生的事，找寻有趣的片断，发挥一下幽默感，抽时间好好吃顿午餐等，享受美好的生活。

第三，摆脱束缚。即使社会已经将快乐驱逐出工作，我们也没有必要这样做。抛弃那些偏见吧，不要认为快乐是愚蠢的、业余的表现，这种观点毫无道理可言。事实是，成功和效益不需要严阵以待的严肃态度。抛弃对变革的恐惧，与那些扼杀新鲜事物的独裁势力斗争吧！

第四，保持平衡，过犹不及的情况同样会出现在工作中。

(3)不断学习，勤勉上进

人不能生而知之，因此我们所有的本领都需要后天的学习才能得到。不管你是什么人，你的智力如何，只要有着一颗勤勉上进的心，并将想法付诸行动，那么，你总有一天会成功。在人们智力水平相差无几的情况下，越是勤劳的人越容易成功。而在职场，勤勉上进的员工也总是更容易得到上司的赏识，成为职场的宠儿。

"得之在俄顷，积之在平日"，只有平时刻苦勤奋了，才能创造出一片属于自己的天地。勤奋是实现机遇的动力，它体现了一个员工对工作的态度。每个员工都在做着自己的本职工作，而最终是否能够超越别人而成功就要看员工在平日的工作中是否有学习并积累知识了。

(4)克服困难，将压力化为动力

前行的道路很曲折，是每个人前景的写照。对于职场人来说，每个人都必须面对竞争和失败。但当前进的道路到了拐弯之处时，很多人便会变得不知所措。工作中遭遇困难与挫折在所难免，而压力更是现代工作中非常平常的一部分。凡是最后能够有所作为的人都是经历过了困难的磨炼而成的。当困难出现时，只有积极面对，将压力积极转化为动力，才能从压力上前进，走向卓越！

今天的事情不要等到明天去做，明天做的事，今天就去想。时间的犁，会在勤奋者的额头开出无数条智慧之渠。

第三章　提升你的技能:现代员工的职业能力修炼

我们有了良好的职业意识与内在精神,就可以说具备了成为职业人的充分条件。而一般意义上说,职业人一定是专业化的,他们有良好的专业知识、熟练应用的专业工具,而这也是员工胜任一定岗位的前提。只有做到“又红又专”,员工才能拥有良好的发展前景。

1. 按时上下班工作的处理方式

渴望每天在下班时间就按时离开办公室吗?教你几个高招,帮助你恢复正常的生活秩序。

每天从早忙到晚,工作时如陀螺般从不停歇。你简直有点嫉妒你旁边的同事,总是准时在上午 9 点上班,下午 5 点下班,但仍能把每件事都处理得井井有条。他的诀窍到底在哪儿呢?学会聪明地工作,要认识到给老板留下深刻印象并不意味着就得没完没了地待在办公桌旁。

事实上,加班不但会伤害到你的个人生活,而且还会影响到你的职业前途。你的老板会奇怪你为什么总不能像其他人那样在八小时之内把工作做好,自然会形成要不是你的工作缺乏条理性,就是你不称职的印象。那么,怎样才能在下午 5 点就准时离开办公室,又能把本职工作做好呢?下面的几条策略也许能帮到你。

(1)先做最难的事情

多数人在开始一天的工作时都喜欢先做简单的事情,但这会把一大堆困难都留到下午去处理,但那时你的体力和注意力都已经下降,从而需要花费更长的时间来完成比较复杂的任务。

许多人都会发现在上午做需要费脑力的事情会比较有效率,比如说给客户写计划书,一般都需要静下心来才能写好;但午饭之后,电话往往会响个不停,很难思路清晰地思考问题。先啃难啃的骨头的好处就在于,你的工作质量会有所提高,并且用不着再额外花时间去做过多的修改。与此同时,将大事先做完,会令你的情绪高涨,一天中其他时间的效率也会更高。这样你永远也不会错过下午 5 点的班车了。

(2)学会及时结束谈话

想要结束一场业务会谈,你可以这样说"今天谈得很愉快"。然后就马上站起来。只要仔细观察,你就会发现,许多高层人士采取的就是这种方法,其效果也确实不错。人们有时候会忽略言语的暗示,但很难同时忽略言谈和举止两个方面。

为了阻止一个爱闲聊的同事在你的办公室里大摆龙门阵,你可以假装要去洗手间或将手伸向电话做出要打电话的样子。同时你也应在你的领地内尽量少放容易引起闲谈的东西(如家庭合影、小孩子画的画、旅游纪念品),将杂志(整齐地!)堆放在椅子上。让健谈的人无处可坐,并且封上你的零食口袋,如果办公室里人人都手拿一把巧克力豆,肯定无法专心工作。

最后,当有人问:"你现在有空吗?"你可以这么回答:"现在很忙,但两小时之后我可以去找你。"这样做的好处在于当你去找别人时,随时都可以退出来。

(3)将最后期限提前

如果你要与别人一起合作才能完成某一个项目,一定要将他们的最后期限提前几天,这样一旦复印机出了故障或某人生病了,你也不至于措手不及。将最后期限提前还有一个好处就是你能有时间检查一下别人的工作,在最后呈交给老板之前可以纠正偏差和漏洞。因此,这是由多人完成一个项目时的唯一选择。

(4)有策略地安排开会的时间

如果是由你主持召开会议,将开会时间安排在上午 11 点比较合适。告诉每一位与会人员会议将在中午 12 点结束,这样就不太可能拖延。人们在肚子饿时,会比较迅速地切入正题。11 点会议的另一个好处就是:如果下午 4 点开始开会,往往会拖延到很晚才能进入主题,而现在你不但能从下午就开始采取会后的进一步行动,还可以及时回家。

如何从别人召开的冗长且极无聊的会议中及时抽身呢?你可以预先对会议主持人说你另有任务,到一定时候得提前退席。如果你要在会议上发布一些资料,可以要求先发言。

(5)不要捉“电话迷藏”

你处理电话的方式能大大提高或降低你的工作效率。许多人打电话来时会留下模糊不清的信息,这样会使你不知道他需要什么以及什么时候回电给他,来来回回得花费好几天的工夫,非常浪费时间。

建议你在离开办公室外出之前给同事留个口讯或更新录音电话中的信息(“我今天上午不在办公室,但会在下午给您回电”)。其次,请打电话来的人留下清楚明白的信息(“请留下你的姓名、电话号码、有什么事,何时给你回电合适”)。再次,当你自己留口讯时,要表达得清楚明白,所有你要找的人在下次回电时,就能向你提供你所需的信息。

要结束一个 10 分钟以前就该挂断的电话,可以这样说:“很高兴我们能有这个机会讨论 xyz。”或总结你们谈论的内容(“谢谢你提醒我注意预算问题,到周五我再给你答复”)。这两种方法都含蓄而有礼貌地表示出谈话该结束了。

至于私人电话,可以通过家人和朋友知道什么时候找你最合适(最好是在午餐时间)。在其他的时候则尽快结束电话,或告诉朋友们你喜欢晚上或周末在家里进行长时间的电话联系。

(6)统筹安排你的时间

你可能一看到计算机上显示出你有 E-mail 就会去读,或者一想起什么事就马上打电话。虽然技术进步使得每时每刻都可以进行通讯联络,但这并不意味着你就得不断地立刻做出反应,这样你会从手头的工作中分心,这时知道有别的事情要做,会加重你的精神负担。当你在处理一件事情的时候,应先关掉计算机的 E-mail 显示器,而且每天应将时间分成几块来处理某些固定的事情。比如说,将阅读和回复 E-mail 的时间安排在上班后的第一件事或午餐时间至下午上班之前:从上午 10 点到中午以及下午 1 点到 4 点用来处理文件、答复客户的要求、打重要的电话等等。这样的安排虽然有些像军训那样死板,但可以帮助你更快地完成工作。

至于 E-mail 要尽量写得简短(你并没有时间来写一篇小说,其实也没有人有时间来读完你的小说)。为了不受一些调查邮件或垃圾邮件的干扰,你可以在迅速浏览一下之后就立即删除。

(7)坚持原则

如果你坚决不想加班,那就要坚持住这条原则,并在下班后迅速离开办公室。如果仍逗留在办公室,你的老板就会在最后几秒内又给你找点事干,或让你参加一些即兴召开的"首脑风暴"会议等。如果你的工作时间是早8点到下午4点半,那你宁可到时带一些轻松的活回家,也不要在4点过后还被看到待在办公室里。但同时要记住有时也得机动灵活。如果有人要在4点召开会议,你可以说:"我通常会在4点半下班,如果会议时间较长,你得先告诉我,我好预先做些安排。"这样,你既表现出是团队中的一员,又展现出你的原则,让你的老板、同事和客户了解你的界限。

许多人自己设定了一些原则,但从不公开向别人宣布.因此这些原则往往很容易被打破。

2.改变工作时精神状态不佳的做法

冬日凛凛,你终于从拥挤的公交车、班车或地铁脱身,来到自己舒适、恒温的办公室中,可以松一口气,做每日的工作了。可是工作时,一阵倦意袭来,也许是昨夜笙歌,也许是几天来的连续加班,也许是……无论如何,在办公室不能"昏迷",必须保持清醒。

很多人都知道工作时的精神状态很重要,但有时还是免不了犯困,除了注意晚上不要工作得太晚,朋友间的娱乐要有节制和早点休息之外,还有一些小办法,也不妨一试。

(1)利用茶和咖啡

昏头昏脑时,最简单的办法便是给自己泡一杯浓茶或者咖啡。这些饮料提神醒脑,从古至今都很有效。同时,从起身、洗杯子,到饮水机旁倒水,三个动作过程都会给你带来片刻的清醒。趁片刻的清醒,赶紧投入你的工作,但要注意的是茶杯不要乱放,否则一走神,洒得铺天盖地,你倒是真的要吓醒了。

(2)闻香味

美好的气味也有清醒头脑的作用。时常在办公室的桌上放一些清新怡人的香氛饰品或者干花,不仅使单调的办公环境得到点缀,也会让你不再昏昏欲睡。在精神不振的时候,闻一下,立刻觉得恍若置身于美丽的大自然中,闭上眼睛,办公室里的乏闷便消失得无影无踪、心情舒畅,自然精神也会焕发起来。当然,如果是快递送来的神秘鲜花,恐怕让你兴奋的就不仅仅是香味了。

(3)做运动

有人说生命在于运动,又有人反驳说生命在于静止。其实绝对的运动或静止都不妥。办公室中三分动七分静最适宜,你可针对办公地点的特点因地制宜编一些操,运动僵硬的脖颈、四肢,身体得到适度的活动之后便会有微微的兴奋感,头脑也会随之清醒不少。如果想更舒畅地伸展身体而又不便在狭小的办公室展开,可试着找到大楼防火隔离层,那地方够大,也不会有人干扰,只是千万别练得兴起,忘了办公室中也许还有个急匆匆的客户在等待你。

(4)调温度

有时候室温也是个很重要的因素。现代的办公条件,中央空调总是将办公室变得一年四季都如春天一般的温暖。本来嘛,“春眠不觉晓”,这样的温度人是舒服了,却免不了昏昏欲睡。此时唯一的办法是:开窗透气,外来的新鲜空气可能一下子会给你注入精神和活力,当然,也许有些同事会抱怨,但是没关系,跟他讲道理也会很有说服力,而更主要的是你已经度过了“临睡危险期”。

(5)嚼薄荷糖

吃一片口香糖或者薄荷糖,无疑也有助于提神醒脑,当然最好是挑选无糖型而且口味特别强烈的那种。中午饭后,遇上同事都在,不妨每人发一圈。嚼着嚼着,不但提神,还优化了空气,使每个人不再有中午吃的鸡鸭鱼肉蒜的气味。口气清新,也有助于改善人际关系,喜欢与你聊天的人多起来,此时多说说话,自然也就不会犯困。不过,吃口香糖得注意环保,将口香糖弃置于指定地点,最忌讳的是把它粘在办公室里的桌子背面。

(6)去洗手间

洗手间是个好地方,绝对隐私。如果你实在克制不住地犯困,也没有别的办法可以止住,倒不如索性去洗手间。坐在里面打个5分钟的小盹,没有人会怪你渎职。同时,在进入办公室之前,你可以对着镜子梳洗一下。如果妆不是很浓,也不妨用凉水冲洗脸颊,同时做一些轻度的面部按摩,既有助于脸部的皮肤保养,也可以使自己更加清醒,而且你会惊奇地发现周围的人说你精神好多了。

(7)找经理

找经理,当然不是要你向他报告你犯困了。如果你和经理(最好又是那些不大不小的经理)的位置比较近,他对你构不成什么威胁,你也不是很怕他,那么就不妨找一些无伤大雅的事去"烦"他一下,比如向他问个电话什么的。要去见经理的人总是会振作精神,不会萎靡不振,也许不知不觉就把你的精神状态变好了。

(8)以冷制急法

一是在重大行动前耐心地做好周密准备,以便心平气和地工作;二是时刻保持清醒;三是对不利情况冷静分析,采取恰当的对策,改变和消除不利情境,切忌"快刀斩乱麻",不顾一切蛮干一通,把事情办得更糟。

(9)行为条理法

容易急躁的人,应具有持久不懈地克服急躁情绪的精神准备,从点滴入手,培养心境的宁静和稳定,建立一套新的行为规则,督促自己过有秩序的生活,进行有秩序的工作,培养行为的计划性、条理性,使生活充满节奏感。

(10)自我放松法

当急躁情绪已经产生时,及时进行心理上的自我放松,暗示自己"这件事根本就不值得着急"、"着急会把事情办坏的"等等,使冲动和急躁的心情平静下来,再从容不迫地进行工作。急躁心情有可能不断出现,需要不断地进行心理上的自我放松,直到急躁情绪消失。

3. 受到上司批评时勇敢面对

对于大部分刚进入职场的人来说，接受他人的批评是一件很难做到的事情。然而，适应上司的批评确实是适应能力的一个重要方面。因为一旦进入职场，批评也会成为家常便饭，而且这种家常便饭，我们还要努力去适应，适应了才能快速成长。

在公司里时间长了，批评是正常的也是关系不大的，关键是受到上司批评时你应对的态度和方式。

受到上司批评时，最需要表现诚恳的态度，以便改进工作方法。最使上司恼火的，就是你的眼里没有上司，太瞧不起他。上司说过的话被你当成了“耳边风”。若你对批评置若罔闻，而且还我行我素，这种效果比当面顶撞上司还要糟糕。

接受批评能体现对上司的尊重，表示你能理解上司。错误的批评可能也有其可接受的出发点，你若能处理得好，反而能变成对你有利的因素。

在公开场合受到不公正的批评、错误的指责，心理上是难以接受的，思想上也会造成波动。最好的方法是，你可以一方面耐心做些解释；另外，用行动证明自己。

若确有冤情、有误解，即使上司没有为你做出解释，也没有必要纠缠不休。可以找一两次机会表白一下，点到为止。

正确对待上司的批评，首先要明白上司为什么要批评你。上司之所以这样批评你可能因为：批评或训斥你，有时是发现了问题，必须纠正；有时是出于调整关系的需要，为的是告诉被批评者不要太自以为是，或把事情看得太简单；有时是为了显示自己的威信和尊严，与员工有意保持一定的距离；有时是“杀一儆百”、“杀鸡给猴看”。

不该受批评的人却受到了批评，有时含着“替人受过”的意思……明白了上司是为什么批评，你就会把握火候，应对自如。

"有则改之,无则加勉"。虽然挨批评在情感上、自尊心上受一定影响,可你不要情绪低落,要用一种反思维的态度对待自己。过于追求真理,非要弄清是非曲直,只会让人觉得你很不成熟。

4. 上司对你越权管理的应对方法

你或许已经习惯了你的直接上司对你进行管理,因此,倘若有上司对你越权管理时,心里还会觉得很别扭,难以接受。不过,上司的越权管理事件在职场也非常多见,努力适应这一点,你的职场路会走得更顺畅。

刘小姐进公司两个月,就受到了包括老板在内的关注,虽然不是老板的秘书,但是她经常被老板直接指派工作,刘小姐发现自己的直接上司对老板的这种越权行为也不赞同,但是敢怒而不敢言。而刘小姐自己对此感到非常为难,老板交代的工作不能不做,但是完成两位上司安排的所有工作又非轻而易举,她害怕自己的前途就败在老板手里,面对这样的老板,她应当怎么办?

(1)告诉老板你的看法

刘小姐应该找个机会把自己的想法单独和老板谈一次。这里并不知道刘小姐所在公司的性质如何,一个管理结构完善的公司不会出现这种情况。每个公司都有它的行政构架,一层一层,有序而灵活。如果老板不是有所图谋的话,就是这个老板的管理水平有问题。因为这样会在他的下属之间造成极不良的影响。

互相猜忌、扯后腿,也会间接影响公司的收益。当老板的都是为了赚钱,你能为他赚钱是他最关心的,他如果关心自己的公司,就应该考虑到这些。如果他欣赏刘小姐可以把刘小姐直接调到自己手下,下一个行政命令就可以了。这样不会在刘小姐和她的直接上司之间造成矛盾,也可以使刘小姐更好地发挥自己的才能。

如果刘小姐向老板正确表达自己的意见,我想每个老板都会尊重自己的公司,尊重刘小姐,也会改变自己的做法。如果在表述自己的看法后，情况仍无改变，刘小姐最好另谋高就。因为这样的老板不值得为他工作，也不利于自己的前途和发展。

(2)建立“同盟军”

男老板与年轻貌美的女下属本就是一件敏感的事，更不用说男老板给女下属额外工作，使得周围的人议论纷纷、捕风捉影，羡慕加上嫉妒忙个不亦乐乎。当事人的感觉则如人饮水冷暖自知，其中的奥秘及纷扰又说与何人知？其实这其中会有许多种情况，但古人讲得好“脚正不怕鞋歪”，与所有的实情一样，其结果都是由人决定。

男老板越过刘小姐的直接主管分派任务给她，这到底好不好呢？回答非常肯定：不好。因为这会招来同事的不满与嫉妒，更会让她的直接主管感觉无法开展工作，无法管理刘小姐，再进一步会担心刘小姐在上司面前打小报告影响前途。所有这些对刚进入社会不久的刘小姐非常不利，周围的人足以就此孤立她，剩下的就是看笑话了。

这样艰难的软环境任何人都会难受，这位男老板万未料到自己的好心带给刘小姐的无异于一场灾难。

刘小姐正确的做法应该找自己的直接主管谈一谈老板直接分配工作给她的事，听一听主管的意见并寻求建议，建立自己的“同盟军”，改变自己孤立无援的处境。

(3)装忙碌

在这位男老板再次分配工作给自己时，刘小姐告诉他现在自己手头有很多工作，建议他找自己的老板看其他人是否有空闲，同时还要表现出非常忙碌的样子，将桌子铺满些，带出遗憾的表情。如此拒绝几次，相信这位男老板会明白，即使不明白也不会像以往一样总派工作给她了。讲礼貌懂事理，即使不与全部同事打成一片，至少也不会惹人烦。不管男老板是出于善意的呵护还是别有企图，都可将之扼杀在萌芽状态。

(4)坦然接受既成事实

在工作中，素质好、能力强的人可能会有像刘小姐这样的经历，由于自己出色的表现，一级领导绕过二级领导直接指派其工作，而被指派的人则生怕二级领导会因此不高兴，甚至怀恨在心。其实因为自己的实际能力而受到关注和重用，那就是最自然的事情，不要因为害怕周围人的嫉妒心理而先乱了自家的阵脚。职责分清楚是好事，但也不用太墨守成规，很多人想有你这样的工作能力还未必能拥有呢。你已经拥有了，就要利用机会更加努力，把精力集中在工作上，抓紧时间培养自己进一步的实力，也给领导们一个乐于工作、勇于进取的好印象。毕竟，能力才是自己最终可以把握可以使用的，至于别人对你态度的好坏、帮忙与否都是可变性因素，应该注意不要被束缚。西瓜没有芝麻香但它有真分量。你一定要把事业的基础打在自己的脚下，而不是建在别人的目光里。

在脱颖而出的同时，公司职员间的是是非非和明争暗斗反而会让你看清真正的朋友与敌人。谁是和你一条船的，谁是会偶尔帮你一把的，谁是恨不得你将来翻船的。分清形势，浪尖上站稳脚跟也是增长职业经验的必要过程。困难总会来的，勇敢地面对并迈过去，你不会觉得有多大困难的，更何况你的地位会有所提高。何乐而不为呢。

修炼十：工作能力——独当一面才能快速成长

1. 练就迅敏的反应力

个体的专业知识丰富，专业工具熟练，是提升整体专业化管理水准的基石。所以，专业知识，专业工具的修炼也是重要的一环。

工作能力的强弱，是一个员工本身素质的反映，它所涉及的不仅仅是素质的一个方面，而是全部，这里既有性格的因素，也有先天的因素，但更多的还是靠后天的学习和培养。作为一名员工，只有努力提高自己的工作能力，才能在工作中独当一面，才能在群体中脱颖而出。

反应能力是工作成功必备的要素，一名合格的员工必须反应敏捷。对一件工作或事务的处理，往往需要有先见之明，如此，你在时机的掌握上必然快人一步；如此，才能促使成功，时机一过就很难弥补。

作为一名能干的员工，对大量不成文的“规则”，就是上司认为员工“想当然”会遵行的事，应该清楚。

员工最基本的业务是要在指定时间内完成工作，上司最不喜欢下属凡事都找借口。你要认真完成每一份差事，别等他人来提醒你，尤其是那些职位比你高的人。

如果公司是采用流水作业制度的，那么当同事将完成了一部分的工作交给你接手时，可要小心检查一遍，一旦有错误，请对方先处理好，同时要清楚了解你需要完成的那一部分。遇到难题时，最好自己来解决，或请教同事，最好不要将问题带到上司面前。

如果你的权力不足以解决问题，你向上司报告时，可以提出自己的意见，让他知道你具有随机应变的能力。再者，不要在办公室树敌，在决定某件事情是否值得争取前，先考虑它对工作的影响，造成的损害是暂时的还是长期的？值得因此而与对方作对吗？你有必胜的把握吗？

2. 选择能力让你效率倍增

使你烦忧的日常的报告、备忘、信件等，它们一般都会堆积在你的周围，使你感到烦闷，我们对这些事情必须做出选择。

每一份经过你办公桌的文件，只能有四种命运——丢掉它、送给另一位同事、存入档案或立即行动。

只有这样，你的办公桌才得以好好的清理，你才能专心做应该做的工作。将计划变成事实是有法可依的。首先你要清楚你要得到怎样的成果，并反问：这目标是否切合实际？对公司有没有好处？对你的前途有没有影响？答案不是负面的，就是说你选对了。接着找到适合人选。或许你有许多同事，可是每个人都有其长处，且一个任务并不需要所有人都去做，择人而委任才是有效的方法。

安排任务时，要清楚地让执行者知道你的要求，让他正确地朝目标努力，并让他多提出建议，尤其是工作遇到什么困难时，好灵活地有所调整，更适合需要。

制订一个行动进度，这能使你有系统地了解整个计划，而且这是累积经验的好办法，请别忘了考虑一下其他的成果，做到一举数得，才是真正的好计划。

要防止文件堆积。你需要在收到文件的当时，马上决定其“去向”，当所有文件“归其所属”，办起事来才会容易，并且不会遗漏了。

如果上司交给你的不是普通的工作，而是对公司日后发展举足轻重的研究计划，你必须专心处理一切事务，把握时间，按时完成上司交给你的任务。

怎样才能在短促的时间内，把工作做得最好？

(1)不管你面对的工作怎样艰巨，你都保持心平气和，集中精力，把自己需要完成的事情，都记录下来。

(2)把整件工作划分为几个独立完成的部分，每个部分又分成多项步骤，使工作变得条理，方便自己着手进行。

(3)每天为自己制订出先完成的工作目标，并且分先后次序，一切依照计划进行。

(4)把较为复杂又艰巨的工作，放在最先完成，这样可帮助你减轻工作的压力，发挥你的潜能。

(5)把你已经完成的步骤写下来，再看看你还有什么需要改进的地方。

(6)为每一个独立步骤定下最后完成的期限，不论在什么情况下，都不要让自己拖慢工作的进度。

(7)不要只顾工作，忘了常反省一下，要知道自己一味埋头苦干，会连走失方向也不知道。

3. 应变能力让你游刃有余

在职业生涯中，都盼望能够不断地加薪、升职。然而，职业生涯道路并不平坦，竞争的困惑、坎坷和挫折几乎不可避免。一旦发生危机，就会导致你整个生涯失衡，影响你的发展和进步。所以你必须学习和掌握应付危机的方法，这样你在职场中才能做到游刃有余。

要想解决危机，首先应该知道：危机产生的外部原因是什么；目前已经达到了什么程度；将能达到什么程度；严重时将对个人产生怎样的后果；与危机有联系的外部环境有什么反应；有无推动或抑制的外部力量等。要了解这些，就要先冷静地观察现状，设法把问题的主要矛盾找出来，经过一番综合分析之后，任何复杂的情况都可以理出个头绪来。

同时还需要冷静地分析自己，找出自己陷入危机的个人原因是什么；给自己目前处境造成的影响有多大；最终将导致什么结果：自己有无克服危机的能力和条件等。

知道了危机产生的原因，就很容易订出一套应付危机的策略了。应变的策略是在分析危机形势的基础上，制订出来的完整的行动纲领和方式步骤。形势不同，策略也不同。

进，是一种最常用的策略，知难而进，不回避矛盾，在竞争中扭转局势。这是一种积极主动的以攻为守的策略。虽然，从眼前看，虽然自己处于劣势地位，但若能寻到对方的弱点，果断地迎头反击，很快就能变劣势为优势，掌握主动权。

此外，退，也是一种策略。如果你的对手过于强大，你就要以退为守，保存实力，等待时机。陷入危机轻易出击不但不能取胜，反而会遭到更大的打击，丧失东山再起的资本和机会。这种情况下，就要有受胯下之辱的韧性，避免与对手直接交锋，采取明哲保身的办法。跌倒了并不可怕，关键是要积蓄力量，重新爬起来。在危机已不可挽回时，不计较一时一地的失利，让自己稍微休整，恢复一下元气，应该说是较佳的选择。

最后使用斡旋的策略了,如果危机并不严重,就果断地消除危机。如老板不信任自己,但也不想辞退自己时,可以采用不即不离、不冷不热的态度,与之周旋以保持现状,打持久战,等待和寻找机会改变局面。此时,斡旋的余地,就是生存的空间。在这个空间里,既不进攻,又不退却,实质是又进攻又退却,进攻中有退却,退却中有进攻。进是为维护自己的利益,退是为了防止更多的伤害。在斡旋中求生存,积累力量,寻找机会,是走出危机的最佳策略。

当危机发生时,自身因素是主要的。别人能把自己打倒,那只是暂时的:长期打倒自己的只能是自己。因此,陷于危机时,不要仅仅分析导致危机的外在原因,更要好好反省主观方面的原因。只有从中吸取失败的教训,才能够走出困境。

对过去作一次盘点。坐下来对自己的思想言行作一次清理,像清查账目一样。虚实盈亏、来龙去脉、优点缺点都逐条列出一份清单,写在纸上,一目了然,以便总结经验教训,找出解决危机的方案,顺利地渡过难关,同时想办法补救,以免以后再重蹈覆辙。

所以,面对危机,我们首先要具备一种积极的心态。“态度决定一切”,米卢的这句话在职场上必然通用。

4. 决策力助你独当一面

企业的全面工作只由上司来把握,但是其中每部分都要有具体的人分工负责,这种分工的特点就要求下属要有独立性,能够独当一面,替上司处理一摊子问题。

事实上,上司从解决问题的角度讲也不可能事必躬亲,他的精力不允许他每件事情都操心过多,更何况有些尴尬的事情上司不便于出面,这就需要有这么一些员工来做“马前卒”挡驾。

工作有独立性,独当一面也是员工“生存”和发展的必备素质。某个员工把一摊子事独立地完成得很好,比如在公关或理财方面干得出色,上司就会觉得在这方面离了你就不行，觉得你的存在并非可有可无。那样你的价值和地位才能得以巩固，才能在单位立足扎根。另一方面，做下属可能只是一种“过渡”，在“过渡”时期积累工作经验和锻炼各种能力是很重要的，要想在未来顺利走上更重要的岗位，也需要有较强的决策能力。

然而，很多员工在独立性方面表现相当差，一味地依靠上司，离开上司就一事无成。在上司面前不敢发表自己的主张，唯唯诺诺，做事无主见，没有独创性，唯上司的命令是从。这样的下属上司并不喜欢，至少觉得靠不住，甚至认为有之不多、无之也不少。有些员工在工作中连需要干什么、怎么干、干得怎样都不清楚，凡事都向上司请示、向上司汇报，不仅不让上司省心，还给上司增添了不少麻烦，把上司搞得焦头烂额，结果只能让上司感到心烦。

没有独立见解的员工不是好员工。上司决策时很希望下属出谋划策，想出一些“点子”供他参考。当然，这些见解并不一定被采纳，但它至少可以启发上司的思路，帮助上司修正他的决策。

不过，独当一面更多地体现在能干大事上。能够替上司承担一些棘手的问题是决策能力的重要表现，也是员工职业素养修炼之一。

5.提高自己的综合能力

面对堆积如山的工作，一些员工可能埋怨说：“我的工作能力太差，事情总是不能做完，反而日渐累积起来。”实际上每个人的办事能力都差不多，关键在于他们怎样处理事情，怎样用最少的时间，发挥最大的工作效率，这是一个员工综合能力的体现。那么，在日常工作中，我们应该怎样来提高自己的综合能力呢？

(1)为每件工作定下最后完成的时间，除非在很特别的情况下，不然不要拖到规定的时间之外。

(2)在时间紧急的情况下，对于不是自己分内的工作，坚决地说个

“不”字。

(3)如果你整天的工作排得满满的，把一些必须马上完成的事情抽出来，找好轻重缓急。

(4)假如你觉得自己的情绪不好，应先放下手头的工作，让自己有松弛的机会，待心情好转时再投入工作。

(5)不管什么时间，不要安排太多的会议，你可以利用早餐时间会见客户，尽量利用每一个机会。

(6)把文件整齐排列，你就不需费时地找寻资料报告。

实际上，怎样发挥最高的工作效率是工作综合能力的具体体现。而综合能力的提高在工作中也是很程式化的。

定时整理档案。记忆力再好的人也不能将所有的东西永远记住，因此档案是非常重要的。若你的部门本身不重视，你应自己设一个私人档案柜，帮助记忆，也利于需要时翻阅。

衣服里或文件袋中不要忘了装好“备忘录”。工作忙碌的时候，你待在办公室里，或经常外出，无论大小约会、有关事项，最好用笔记下来，办好的就删掉一些，每天翻看，确保万无一失。

对来往的信件、便笺每天清理一次，如果搁置起来，一旦遗漏就会后悔莫及。当拆阅时，应立刻分类，可以丢弃的、应该入档案的，或者编入办事日历……工作就会一天天顺畅地进行了。

许多员工，终日埋在文件堆里，却发觉根本没有完成任何大文件。这时请坐下来检讨一下，并不是你的工作能力有问题，只因为能力根本没有发挥，所以被琐事围困。改变这种状况，请你参考买一本小型的记事本，最好小到可以放到口袋里去，在开会、午饭甚至坐车时，只要想起一些工作上的细节、意念或行动，都立即记下来，每天晚上睡觉前，重新温习一下，按事情的重要性编排成第二天的工作顺序表。第二天，你就可以按本子办事了。

修炼十一：交往能力——八面玲珑助你游刃职场

1. 学会与人寒暄

一个企业就是一个系统，一个生命体。它必须进行与外界的物质或精神交换来进行新陈代谢。这种交流既包括正式的工作上的交往，如接待上级视察、到下级单位参观、与同级单位联合举办活动等，也包括因服务于工作而产生的对外交往需求，如承办职工福利、解决职工的生活困难、购地买房等。这表明，与外界交往是一个单位健康发展不可或缺的重要因素，也是员工职业素养修炼必不可少的内容之一。

这是一个讲究合作团体战的时代，没有人可以凭自己的力量单打独斗取胜。所以只要你想成功，与人的密切接触是不可少的。不管你与面前的这个人熟稔与否，礼貌性的寒暄应该是最起码的，可能你眼下跟他没有任何交易或冲突，不过谁能保证日后不会有求于他？因此，只要你能力允许，千万记得碰到认识的人就打个招呼，寒暄一下。

(1)人人都渴望赞美

一个女业务员很有寒暄功力，她可以把你从头到尾都夸赞一遍！而且可以让你感觉她真的是打从心眼里称赞你，例如她见到你时可能说：“小慧，你今天戴的太阳帽好酷喔！告诉我哪买的？”或者：“玲玲，你真会描眼线喔！这下子眼睛看起来电力更足耶……”，即使是两人在电梯口偶尔碰上的一句简单对话，她也会跟你说声“小心门，别夹伤了”，充满关切友善之意。

最惬意的寒暄是从心理学的角度切入人性的私密地带，要相信人人都渴望掌声希望被赞美，而这就是寒暄的切入口所在！

(2)早上说“早”下午说“好”

在办公室记得见到人就应该开口说话，别以为沉默是金，沉默在有些时候只能等于冷漠。

(3)适时的赞美别吝啬

别吝啬你的赞美，称赞人家的努力或精彩演出。改天换你有成就时，他们也会一样来捧场的。

(4)用微笑化解冰霜

笑容是办公室的“调温器”，许多时候的是非纠结，可能难以用语言调适，但是一份真心的微笑，却可以胜过许许多多的甜言蜜语！

(5)真心真意拉近距离

善于寒暄，有人认为是虚伪作假，有人认为是基本礼节，其实只要是真心的一句问候，管别人怎么认为，真心的寒暄就是成功的交际！总之不要排斥与人交谈，多说话不仅可以帮助你了解别人，更是拉近彼此距离的“灵丹妙药”。

小莉刚毕业进的是一家小公司。十几个人，低头不见抬头见。小莉先是埋头苦干，“老师、老师”地不离口，倒也过得安稳，后来跟王大姐就聊得火热。这王大姐人虽热情，但是非太多，没有她不知道的事儿。她和公司里的张大姐就像仇人。小莉看在眼里也没多想，王大姐跟她唠叨张大姐的种种不好，小莉也附和着。上班的时候，嘴闲不住的王大姐常常来找小莉聊天，小莉也不避旁人公开陪聊。而且因为跟王大姐好，小莉对张大姐也爱理不理的。

有一天，老板让负责资料的王大姐分给每人一个画册，王大姐就叫小莉帮忙。张大姐此时有事要出去，就跟王大姐商量“能不能先给我一本？”王大姐摆出一个不理人的架势，张大姐就转过来跟小莉说，小莉当时也没回话。

张大姐没拿画册转头就走，明显带着气愤。说来复杂，这张大姐又和老板关系不错。所以公司里的人都不敢卷进张、王的是非。

第二天，小莉感觉大家看自己的眼神和语气有点不对，这可能是与张大姐有关。小莉反省了一下自己,觉得王大姐是个过于是非的人,没有必要因为她而与张大姐闹那么僵,所以小莉对王大姐开始疏远。

但是慢慢地,小莉发现自己在公司里越来越被孤立,张大姐和王大姐的关系依旧,但她们都对小莉不怎么样。而且,如果老板要找小莉,恰巧小莉不在的话,周围的同事也不帮她搪塞,小莉回来后老板责问她:“找你那么半天,你去哪儿了?”在这种环境里,小莉觉得自己每天上班都像在受煎熬。

不久,小莉不得不离开那家公司。现在,小莉觉得自己很惧怕和人交往的距离问题,她觉得关系越好,将来受到的伤害就越大,但是如果维持一种冷淡的关系,小莉又觉得缺少朋友,很寂寞。

那么同事之间的距离该有多远呢?有关专家将人与人的交往原则归结为五点:

(1)真诚

尔虞我诈的欺骗和虚伪的敷衍都是对人际关系的亵渎。真诚不是写在脸上的,而是发自内心的,伪装出来的真诚比真正的欺骗更令人讨厌。

(2)记住一句话:“爱人者,人恒爱之;敬人者,人恒敬之。”

任何人都不会无缘无故地接纳我们、喜欢我们。别人喜欢我们往往是建立在我们喜欢他们、承认他们价值的前提下的。

(3)让别人觉得与你交往值得

长期以来,人们最忌讳将人际交往和交换联系起来,认为一谈交换,就亵渎了人与人之间真挚的感情。其实,我们在交往中总是在交换着某些东西,或者是物质,或者是情感或者是其他。

所以,我们在人际交往中无论怎样亲密的关系,都应该注意物质、感情等各方面的投资。但应该注意的是要不怕吃亏、不要急于获得回报和不要付出太多。

(4)维护别人的自尊心

维护别人的自尊说简单了就是给人家面子,但这并不意味着在人际交往中处处逢迎别人。在不危及他人的自尊心的情况下,陈述与对方不同的意见,或者委婉地指出对方的不足是不会影响人际交往的。

(5)创造一种自由的气氛

新分配到某一工作单位时,由于对周围的人和环境都缺乏了解,因而会在相当长的一段时间内处于高度紧张的自我防卫状态,直到熟悉了周围的环境,才真正比较放松,真正适应。但在人际交往的过程中,如果要使别人从内心深处接纳我们,就必须保证别人在与我们相处时能够实现对情境的自我控制。也就是说,要让别人在一个平等、自由的气氛中与我们进行交往。

2.赢取人心的七个技巧

人际关系对事业的发展有极大帮助,公司的制度多完善,亦需要各同事配合。和睦的工作环境,同事间亲和融洽,上下一心,直接促成业务的成功。也就是说,能否成功,关键亦在于能否跟同事打成一片,和睦共处,尽得人心。

(1)合作和分享:多跟别人分享看法,多听取和接受别人意见,这样你才能获得众人接纳和支持,方能顺利推展工作大计。

(2)微笑:无论他是“茶水阿姨”、暑期练习生或总经理,多向人展示灿烂友善的笑容,必能赢取公司上下的好感。年轻的同事视你为可亲的长辈,年长的把你当女儿儿子看待,如此亲和的人事关系必有利事业的发展。

(3)善解人意:同事感冒你体贴地递上药丸,路过饼店顺道给同事买下午茶,这些都是举手之劳,何乐而不为?你对人好人对你好,在公司才不会陷于孤立无援之境。

(4)不搞小圈子:跟每一位同事保持友好的关系,尽量不要被人标为你是属于哪个圈子的人,这无意中缩窄了你的人际网络,对你没好处。尽可能跟不同的人打交道,避免牵涉入办公室政治或斗争,不搬弄是非,自能获取别人的信任和好感。

(5)有原则而不固执:应以真诚待人,虚伪的面具迟早会被人识破的。处事手腕灵活,有原则,但却懂得在适当的时候采纳他人的意见。切勿万事躬迎,毫无主见,这样只会给人留下懦弱、办事能力不足的坏印象。

(6)勿阿谀奉承:只懂奉迎上司的势利眼一定犯众憎。完全没把同事放在眼里,苛待同事下属,你无疑是在到处给自己树敌。

(7)勿太严厉:也许你态度严厉的目的只为把工作做好,然而看在别人眼里,却是刻薄的表现。你平日连招呼也不跟同事打一个,跟同事间的唯一接触就是开会或交待工作,试问这样的你又怎会得人心?

此外,在与同事相处时间较长的办公室,有时就是一个小社会,人多嘴杂。面对各种利益冲突,你必须找准角色定位,既不能孤芳自赏,又不能表现过度。那么,新进一个单位,人地生疏,特别是在一个各类人员云集、良莠一时难辨的办公室内,如何迅速赢得大多数人的好感,尽快融入其中,营造良好的人际关系呢?

(1)切忌拉小圈子,互散小道消息

办公室内切忌私自拉帮结派,形成小圈子,这样容易引发圈外人的对立情绪。更不应该的是在圈内圈外散布小道消息,充当消息灵通人士,这样永远不会得到他人的真心对待,只会对你唯恐避之不及。

(2)忌情绪不佳,牢骚满腹

工作时应该保持高昂的情绪状态,即使遇到挫折、饱受委屈、得不到领导的信任,也不要牢骚满腹、怨气冲天。这样做的结果,只会适得其反。要么招人嫌,要么被人瞧不起。

(3)切忌趋炎附势,攀龙附凤

做人就要光明正大、诚实正派,人前人后不要有两张面孔。领导面前充分表现自己,办事积极主动,极尽溜拍功夫;同事或下属面前,推三阻四、爱理不理,一副予人恩惠的脸孔。长此以往,处境必是不妙。

(4)切忌逢人诉苦

把痛苦的经历当作一谈再谈、永远不变的谈资,不免会让人避让三舍。忘记过去的伤心事,把注意力放到充满希望的未来,做一个生活的强者。这时,同事会对你投以敬佩多于怜悯的目光。

3. 同事间交往的语言艺术

在办公室里与同事们交往离不开语言，但是你会不会说话呢？俗话说“一句话说得让人跳，一句话说得让人笑”，同样的目的，但表达方式不同，造成的后果也大不一样。在办公室说话要注意哪些事项呢？

(1)不要跟在别人身后人云亦云，要学会发出自己的声音

老板赏识那些有自己头脑和主见的职员。如果你经常只是别人说什么你也说什么的话，那么你在办公室里就很容易被忽视了，你在办公室里的地位也不会很高。有自己的头脑，不管你在公司的职位如何，你都应该发出自己的声音，敢于说出自己的想法。

(2)办公室里有话好好说，切忌把与人交谈当成辩论比赛

在办公室里与人相处要友善，说话态度要和气，要让觉得有亲切感，即使是有了一定的级别，也不能用命令的口吻与别人说话。说话时，更不能用手指着对方，这样会让人觉得没有礼貌，让人有受到侮辱的感觉。虽然有时候，大家的意见不能够统一，但是有意见可以保留，对于那些原则性并不很强的问题，没有必要争得你死我活。的确，有些员工的口才很好，但如果你要发挥自己的辩才的话，可以用在与客户的谈判上。如果一味好辩逞强，会让同事们敬而远之，久而久之，你不知不觉就成了不受欢迎的人。

(3)不要在办公室里当众炫耀自己，不要做骄傲的孔雀

如果自己的专业技术很过硬，如果你是办公室里的红人，如果老板老板非常赏识你，这些就能够成为你炫耀的资本了吗？骄傲使人落后，谦虚使人进步。再有能耐，在职场生涯中也应该小心谨慎，强中自有强中手，倘若哪天来了个更加能干的员工，那你一定马上成为别人的笑料。倘若哪天老板额外给了你一笔奖金，你就更不能在办公室里炫耀了，别人在一边恭喜你的同时，一边也在嫉恨你呢！

(4)办公室是工作的地方,不是互诉心事的场所

我们身边总有这样一些人,他们人特别爱侃,性子又特别地直,喜欢和别人倾吐苦水。虽然这样的交谈能够很快拉近人与人之间的距离,使你们之间很快变得友善、亲切起来,但心理学家调查研究后发现,事实上只有1%的人能够严守秘密。所以,当你的生活出现个人危机,如失恋、婚变之类,最好还是不要在办公室里随便找人倾诉;当你的工作出现危机,如工作上不顺利,对老板、同事有意见有看法,你更不应该在办公室里向人袒露胸襟。过分的直率和"十三点"差不多,任何一个成熟的白领都不会这样"直率"的。自己的生活或工作有了问题,应该尽量避免在工作的场所里议论,不妨找几个知心朋友下班以后再找个地方好好聊。

说话要分场合、要看"人头"、要有分寸,最关键的是要得体。不卑不亢的说话态度,优雅的肢体语言,活泼俏皮的幽默语言……这些都属于语言的艺术,当然,拥有一份自信更为重要,而懂得语言的艺术,恰恰能够帮助你更加自信。

此外,同事虽是工作伙伴,但不可能要求他们像父母兄弟姐妹一样包容和体谅你。因此,你应该知道,在办公室里有些话不该说,有些事情是不该让别人知道的。

作为一个职业人,个人的一切资料,比如年龄、学历、经历、爱情婚姻状况等要分"公开"与"隐私"两大类。隐私本身也是一个相对而言的概念,同一件事情在一个环境中是无伤大雅的小事,换一个环境则有可能非常敏感,保护自己立于安全地带。

(1)不要在公司范围内谈论私生活,无论是办公室、洗手间还是走廊;

(2)不要在同事面前表现出和上司超越一般上下级的关系,尤其不要炫耀和上司及其家人的私交;

(3)即使是私下里,也不要随便对同事谈论自己的过去和隐秘思想。除非你已经离开了这家公司,你才可以和从前的同事做交心的朋友;

(4)如果同事已经成了好朋友,不要常在大家面前和他(她)亲密接触。尤其是涉及到工作问题时一定要公正,有独立的见解,不拉帮结派;

(5)对付特别喜欢打听别人隐私的同事要“有礼有节”，不想说的可以礼貌坚决地说“不”，对有伤名誉的传言一定要表现坚决地反对态度，同时注意言语还要有风度。如果回答得巧妙，就不但不会伤害同事间的和气，也保护了自己不想谈论的事情。当然也没必要草木皆兵，但凡工作之外的问题全部三缄其口，这样便很容易让人以为你这个人不近情理。有时候，拿自己的私人小节自嘲一把，或者和大家一起对别人开自己的无伤大雅的玩笑，呵呵一乐，会让人觉得你更有气度、更加亲切。

4. 人际交往中介绍的艺术

在人际交往中，特别是指人与人之间的初次交往中，介绍是一种最基本、最常规的沟通方式，同时也是人与人之间相互沟通的出发点。

在日常工作与生活里，我们应掌握的介绍主要有如下三种形式。

(1)介绍自己

介绍自己，俗称自我介绍，它指的是由本人担任介绍人，自己把自己介绍给别人。在介绍自己时，通常有如下三点注意事项：

①内容要真实。介绍自己时具体表述的各项内容，首先应当实事求是，真实无欺。介绍自己时，既没有必要自吹自擂，吹牛撒谎，也没有必要过分自谦，遮遮掩掩。

②时间要简短。在介绍自己时，应有意识地抓住重点，言简意赅，努力节省时间。一般而言，介绍自己所用的时间以半分钟左右为佳。若无特殊原因，是不宜超过1分钟的。

③形式要标准。就形式而论，基层职员所适用的自我介绍主要分为两种。形式之一，是应酬型的自我介绍。它仅含本人姓名这一项内容，主要适用于面对泛泛之交、不愿深交者。形式之二，是公务型的自我介绍。它通常由本人的单位、部门、职务、姓名等项内容所构成，并且往往不可或缺其一，它主要适用于正式的因公交往。

(2)介绍他人

介绍他人，亦称第三者介绍，它是指经第三者为彼此之间互不相识的双方所进行的介绍。

从礼仪上来讲，介绍他人时，最重要的是被介绍的双方的先后顺序。也就是说，在介绍他人时，介绍者具体应当先介绍谁、后介绍谁，是要十分注意的。

标准的做法，是“尊者居后”。即为他人作介绍时，先要具体分析一下被介绍双方的身份的高低，应首先介绍身份低者，然后介绍身份高者。具体而言：

介绍女士与男士相识时，应当先介绍男士，后介绍女士；

介绍长辈与晚辈相识时，应当先介绍晚辈，后介绍长辈；

介绍外人与家人相识时，应当先介绍家人，后介绍外人，介绍客人与主人相识时，应当先介绍主人，后介绍客人；

介绍上司与下级相识时，应当先介绍下级，后介绍上司。

(3)介绍集体

介绍集体，实际上是介绍他人的一种特殊情况，它是指被介绍的一方或者双方不止一人的情况。介绍集体时，被介绍双方的先后顺序依旧至关重要。具体来说，介绍集体又可分为两种基本形式。

①单向式。当被介绍的双方一方为一个人，另一方为由多个人组成的集体时，往往可以只把个人介绍给集体，而不必再向个人介绍集体。这就是介绍集体的所谓单向式。

②双向式。介绍集体的所谓双向式，是指被介绍的双方皆为一个由多人所组成的集体。在具体进行介绍时，双方的全体人员均应被正式介绍。在公务交往中，此种情况比较多见。它的常规做法，是应由主方负责人首先出面，依照主方在场者具体职务的高低，自高而低地依次对其进行介绍。接下来，再由客方负责人出面，依照客方在场者具体职务的高低，自高而低地依次对其进行介绍。

修炼十二:团队建设能力——视野宽阔更能成就大事

1. 把握协同合作的技巧

协作合作是现代人常说常做的事情,我们今天讨论此内容,不仅会说,重要的是会做。

员工要想把一件工作做好,决不能一意孤行,更不能以个人利益为前提。而须经过不断地协调、沟通、商议、集合,才能有众志成城的力量。一个合格的员工只有以整体利益为出发点,才能让公司和个人都满意。

(1)妥善组织会议并安排好一切事项。

(2)应当有很好的语言表达能力。

(3)具有能够同时妥当处理多种问题的能力。

(4)及时通知上司在工作中所做的一些改变,以便上司及时了解和顺应这些变化。

(5)能够坦率地对上司讲出工作中的困难和需要优先考虑的问题。

(6)能够让自己的威信影响和利用同事,以临时上司的角色,安排一些工作。

(7)应该独立地站在上司的角度思考问题并适当地给上司提出一些有益的建议。

一个企业在创业时期,经营项目少,经营规模小,组织者一个眼神,一句话,一个动作,就可以把协作合作形成。在发展期,就有了不同的职能部门,这个时期,工作忙了,有了专职分工,但是麻烦也来了,部门本位,相互协作、合作的问题也就随之而来,这个时期尤其要加强培训,强化职业素养。等到了成熟稳定期，这时，企业内训到位，社会教育完善，企业的员工素质显著提高。企业的员工都知道也理解了，企业内部关系为伙伴关系后（伙伴关系就是你中有我，我中有你，要想生存，咱们就得协作合作），此刻的协作合作就自然了，这时，企业就经常以项目为目的，组织协作合作课题。

那么，我们怎样更好地提高自己的协作能力和合作态度呢？

一要充分认识理解伙伴关系的内涵——本质是合作，要弄清楚“伙伴关系”是协作的前提条件，随时维护好这个伙伴关系，简单地讲，就是说我们是一伙的，彼此，我们要在企业框架下这样开展工作（就是合作）。

二要有“吃亏是福”的奉献精神，我们一般说的吃亏是一种品行，你的吃亏换来的是他人的方便，我们都知道事务都有自己的平衡性，不平衡就要带来危害。我为你吃亏，你为他吃亏，他为我吃亏，就是一种平衡。

三要有协作合作的技能，这一点也很重要，我想合作协作，什么也不会怎么协作合作，社会机构工作协作，讲的是有钱出钱，有力出力；是企业内部的协作合作，讲的是共同完成企业任务，这主要是工作技能的参与了，一般地讲，聪明，不勤快，不行；不聪明，不勤快也不行；不聪明，又勤快，更不行；聪明，勤快，才能很好地参与合作。

通常我们讲，不计较眼前得失，只要心正意诚，就是有修养。比如说，这事我可做，也可以不做，但是在不影响主体的情况下，我还是去做，完成了，就是职业化的表现，我没有积怨情绪，积极完成任务，这就是职业化的表现，这就是合作协作，就是有职业素养。

2.同事打你的“小报告”之后

在一个单位中工作，难免会有得罪他人之处，如果被你得罪的人是“小人”之辈，那你不必装作圣人。不要认为一味地容忍就是君子之道，当你是正义一方时，只有坚持并扩大你的影响力，才能让整个团队走向正义，而不是被“小人”引上歪道。因此，当有同事打你的“小报告”时，你不妨尝试以下招式：

(1)先发制人

从习惯上来讲，人们往往对第一印象很是深刻，一经形成，想要改变是非常难的。

那些善于制造“小报告”的人正是抓住人们的思维和心理上的这一特点，想方设法地做到捷足先登，这就是所谓的“恶人先告状”。被“暗箭”伤害的人往往由于疏于防范，棋输后手，有的甚至连解释的机会都没有。

我们知道，先发制人的厉害，在于告黑状的人抢了先手。但是，如果被诬陷的人事先采取措施，积极进行自我保护，或者是一闻风吹草动，就积极行动起来，自己抢夺了先机，局势不就完全改观了吗？所以，对于防范和反击“小报告”的每个人来说，要做到克敌制胜，就不能总是“棋行后手”，也应该积极地行动起来，在那些打“小报告”的恶人告“黑状”之前，抢夺先机，从而击败流言蜚语对自己的造谣和诬蔑。

(2)针锋相对

采取“针锋相对”的对策，防范和反击谗言最为关键之处是选准目标，并且针对滋事生非的奸人逆行，采取公开论战的方法，对其所散播的流言蜚语进行大胆揭露和坚决批驳。

首先，主动出击，把所发生事情的原委详细客观地公布给大家，使人们对此都有一定认识。

其次，与打“小报告”的奸人进行公然论战，把客观事实与那些偷偷摸摸上报的“黑材料”以及背后的各种不实之词等都摆到桌面上来。

再次，帮助和引导人们把正确的客观事实与“黑材料”相互对比、推敲，进行参照。

这样一来，那些所谓恶人先告状的“材料”、“报告”、“证明”和“肺腑之言”等等的真假虚实也就昭然若揭了。

(3)利用第三者

利用第三者来对付谗言，可以给人们一种真实可靠的印象。

汉武帝是个能干的皇帝，但到晚年，也变得糊涂起来。他信用一个名叫江充的无赖，江充为了自己私利，制造了一起起冤假错案。最后冤案造到了太子头上，说太子诅咒武帝，并在太子宫中挖出了事先安置的木偶。太子说不清楚，恼恨江充，便把江充杀了，但自己也只好逃亡在外。

汉武帝的晚年，疑心病极重，以为周围的人都要害他。江充利用了这一点，诬陷太子，在这种情况下，要当事人自己去辩诬已无可能。这时，有一个叫令狐茂的山西上党人，上书汉武帝，指出太子无辜，江充奸诈，并举出历史上种种事例，希望武帝不要听信谗言。这样，才使汉武帝有所觉悟。不过，那时太子已被追捕之人杀害。

(4)不给小人以把柄

俗话说：身正不怕影子歪。如果为人处世都能做到实事求是，口说老实话，身行老实事，襟怀坦荡，正直无私，做一个值得信赖、值得重用的人，那么，奸诈之人就不敢有非分之心，谗佞之徒也难以抓住诬害人的把柄，因而，也就远离了一切罪恶之源，避免了祸患的发生。

从现在开始，告别职场伪善人的角色，做个真正的侠义之士，只有惩治了那些职场小人，整个团队才会走向更加美好的明天，而这也是优秀员工团队建设能力的一种勇敢表现。

3. 不要在团队中拉帮结派

在一个公司的同事之间会有这种情况，因利益一致，或工作需要，或纯粹脾气相投，一些人很自动地组成一些小团体。他们开会时要挨坐一起；一起进午餐，还交换不同的食物；楼道见着了会多聊两句；午休时互相串串；女人们下班时还会等着一起去搭车。更有甚者，恐怕别人不知道他们有人缘，他们是“集团”，人前人后总要表现出亲密状。然而在公司过多暴露自己的“小团伙”，实在不是明智之举。

首先，几个人过于亲密，容易让人反感。同一个部门的人，和这个接近和那个疏远，本身就容易引起矛盾，干扰工作；不同部门的就更讨人多心，甚至会让人怀疑。这个人老和别的部门的人来往，胳膊肘向外拐，没准把部门内部的事全抖搂出去了。

其次，易引起别人的戒心。比如说“铁三角”，如果另外的人要议论他们当中任何一个，都要看看另外两个在不在。无形中，他们失去了获得真实情况的机会。

拉帮结派除了让自己感到工作时间不那么紧张枯燥，最主要的恐怕也不单是找人说点心里话，发点过分的牢骚，而是为了形成一定的势力。即使不是将来有所作为，起码关键时刻有人帮一把。在有关利益的会议上，可以站起来为你说几句“公道话”；在你遭到别人攻击时，也可以为你解解围；甚至有的空缺，也能够给你提提名。但是，如果你们的“小团体”平时非常惹人注目的话，你们当中的任何一个人，为你们其中的某一个人说话、做工作，都会被别人视为“不公正”、“小集团主义”，而不会引起大家的同情和共鸣，更不会被采纳。

因此，这种企图在团队中拉帮结派的人，最终并不能因为小团队的成立而让自己的职场路走得更顺畅。相反，这只是目光短浅的一种表现，真正的团队建设能力并非建立自己的小团队，而是要放眼整个企业甚至整个从业领域，这才是优秀员工应有的素养，也只有这样的员工才能真正拥有整个团队！

4.“秒杀”职场的 12 种行为模式

为什么许多很有才华的员工却总是难以成功？美国哈佛商学院 MBA 生涯发展中心主任詹姆士·华德普与提摩西·巴特勒博士，受命协助那些明明被看好却总是表现不佳，甚至被炒鱿鱼的员工和主管进行了调查和研究。

那么，到底是什么样的行为模式会成为职业人士的致命缺陷，严重地阻碍我们的职业发展？经过归纳总结，华德普与巴特勒归纳出 12 项职场缺陷的行为模式：

(1)总觉得自己不够好

这种人虽然聪明、有历练，但是一旦被提拔，反而毫无自信，觉得自己不胜任。此外,他没有往上爬的野心,总觉得自己的职位已经太高,或许低一两级可能还比较适合。

这种自我破坏与自我限制的行为,有时候是无意识的。但是,身为企业中、高级主管,这种无意识的行为却会让企业付出很大的代价。

(2)非黑即白看世界

这种人眼中的世界非黑即白。他们相信,一切事物都应该像有标准答案的考试一样,客观地评定优劣。他们总是觉得自己在捍卫信念、坚持原则。但是,这些原则,别人可能完全不以为意。结果,这种人总是孤军奋战,常打败仗。

(3)无止境地追求卓越

这种人要求自己是英雄,也严格要求别人达到他的水准。在工作上,他们要求自己与部属"更多、更快、更好"。结果,部属被拖得精疲力竭,纷纷"跳船求生",留下来的人则更累。结果离职率节节升高,造成企业的负担。

这种人适合独立工作,如果当主管,必须雇用一位专门人员,当他对部属要求太多时,大胆不讳地提醒他。

(4)无条件地回避冲突

这种人一般会不惜一切代价,避免冲突。其实,不同意见与冲突,反而可以激发活力与创造力。一位本来应当为部属据理力争的主管,为了回避冲突,可能被部属或其他部门看扁。为了维持和平,他们压抑感情,结果,他们严重缺乏面对冲突、解决冲突的能力。到最后,这种解决冲突的无能,蔓延到婚姻、亲子、手足与友谊关系,使自己陷入被动。

(5)强横压制反对者

他们言行强硬,毫不留情,就像一部推土机,凡阻挡去路者,一律铲平,因为横冲直撞,攻击性过强,不懂得绕道的技巧,结果反而伤害到自己的事业生涯。

(6)天生喜欢引人侧目

这种人为了某种理想,奋斗不懈。在稳定的社会或企业中,他们总是很快表明立场,觉得妥协就是屈辱,如果没有人注意他,他们会变本加厉,直到有人注意为止。

(7)过度自信,急于成功

这种人过度自信,急于成功。他们不切实际,找工作时,不是龙头企业则免谈,否则就自立门户。进入大企业工作,他们大多自告奋勇,要求负责超过自己能力的工作。结果任务未达成,仍不会停止挥棒,反而想用更高的功绩来弥补之前的承诺,结果成了常败将军。

这种人大多是心理上缺乏肯定机制,必须找出心理根源,才能停止不断想挥棒的行为。除此之外,也必须强制自己"不作为,不行动"。

(8)被困难"绳捆索绑"

他们是典型的悲观论者,喜欢杞人忧天。采取行动之前,他会想象一切负面的结果,焦虑不安。这种人担任主管,会遇事拖延,按兵不动。因为太在意羞愧感,甚至担心部属会出状况,让他难堪。

这种人必须训练自己,在考虑任何事情时,控制心中的恐惧,让自己变得更有行动力。

(9)疏于换位思考

这种人完全不了解人性,很难了解恐惧、爱、愤怒、贪婪及怜悯等情绪。他们在通电话时,通常连招呼都不打,直接切入正题,缺乏将心比心的能力,他们想把情绪因素排除在决策过程之外。

这种人必须为自己做一次"情绪稽查",了解自己对哪些感觉较敏感;问朋友或同事,是否发现你忽略别人的感受,搜集自己行为模式的实际案例,重新演练整个情境,改变行为。

(10)不懂装懂

工作中那种不懂装懂的人,喜欢说:"这些工作真无聊。"但他们内心的真正感觉是:"我做不好任何工作。"他们希望年纪轻轻就功成名就,但是他们又不喜欢学习、求助或征询意见,因为这样会被人以为他们"不胜任",所以他们只好装懂。而且,他们要求完美却又严重拖延,导致工作严重瘫痪。

(11)管不住嘴巴

有的人往往不知道,有些话题可以公开交谈,而有些内容是只能私下说。这些人通常都是好人，没有心机，但在讲究组织层级的企业，这种管不住嘴巴的人，只会断送了自己的事业。

他们必须随时为自己竖立警告标示，提醒自己什么可以说，什么不能说。

(12)我的路到底对不对

这种人总是觉得自己失去了职业生涯的方向。“我走的路到底对不对?”他们总是这样怀疑。他们觉得自己的角色可有可无，跟不上别人，也没有归属感。

每个人或多或少都具备上述12种行为模式的影子，然而，在迈向成功的职场之路上，不论主管或基层员工，都有必要时时检视自己，才能不使自己被眼前的事情所蒙蔽，才能让自己的事业更加宽阔，走向成功的未来。

修炼十三:学习能力——不断学习扩大成功圈

1.提高自己的进取意识

学习，学习，再学习，这句话我们都很熟悉。不学习，你难以把握机会，不学习，你的劳动技能就难以提高，劳动技能不高，你的劳动态度又不好，那你的劳动所得就要受影响了。理论的，实践的，都是一样，实践操作学习。

企业的成长和发展主要在于不断地创新。科技的进步是日新月异的，商场的竞争是瞬息万变的，停留现状就是落伍。一切事物的推动必以人为主体，人的创新观念才是制胜之道。一名合格的员工只有接受新观念和新思潮，才能促进自身的进一步发展。

随着整个社会学习意识的增强，现在，人们见面打招呼时问候的话语已经从“你吃过了吗？”变成“你充电了吗？”

信息网络技术日新月异，你若不充充电，那么很快你就会落伍，会被这个时代抛弃。所以，无论在何时何地，每一个企业员工都不要忘记给自己充充电。尤其是在竞争激烈的时期。需要随时充实自己，奠定雄厚的实力，否则难以生存下去，一个有干劲的人时不时地充充电，就不会被社会淘汰。

许多员工进入企业后，就失去学习知识的心，这种人以后都不会再有什么进步。反过来，学生时代就算不显眼，但到社会后仍然勤勉踏实地进修，自动学习应学的事，一般都会有长远的进步。

经过一年就积攒成一年的实力，经过两年就积攒成两年的实力。以至10年、20年、30年，及积攒成与其时间相称的实力。这种人才是真正的“大器晚成”的人。你的工作每天都会有新的情况，新的挑战，你每天都要面对新事物，学习与工作相伴，工作的过程就是学习的过程。

因此，学习能力是一个员工必须具备的素质。没有过硬的业务能力，只靠干面子，耍嘴皮子，时间长了总不免被人轻视。所以，只有修炼好内功才会在公司中占有举足轻重的地位。

作为一名职业者应具备如下学习素质：

(1)具有细致、周到的思考习惯，一丝不苟的工作作风；

(2)办事条理清楚、记忆准确；

(3)忠心、诚实、不喧宾夺主；

(4)了解企业和公司的部门机构和人员配置，精通工作的基本知识；

(5)具有较高的外语水平和文字能力；

(6)具有中英文打字等现代化办公技能；

(7)具有一定的公关能力，懂得一定的社交礼仪。

现代社会的机会很多，你只要天天在学习，就会有进步，你的生活就会富有生机。

2. 善待业余时间

下班后重返课堂，业余时间出入“充电”场所，这是许多城市青年的“第二职业”。

据上海团市委有关部门的一项调查显示，约有六成以上的年轻人在业余时间选择了“再学习”。对一个人来说，从终身的角度出发，“充电”也是一项不断完善自身、逐渐适应社会的个人工程。

那么，对一个刚刚踏上工作岗位的年轻人来说，业余时间“充电”该如何筹划呢？

(1)要确定目标，找准方向，制订分步实施计划

一般说来，学校毕业后踏上工作岗位，这是事业的起步，同时也是“充电”的开端。业余时间“充电”越早越好。这就是说，在落实了工作岗位后，不要以为就万事大吉，而应当把提高自己的文化素质和专业技能的档次放在议事日程上。你现在的综合素质也许能适应目前工作的要求，但必须有超前意识和为将来更大发展作准备的“储备”观念；目标明了，你的“充电”才有后劲。

在自己原有的基础上提高一步，与社会对岗位的要求相吻合，这是业余“充电”要把握的一个原则。具体说来，有了高中文凭，你得去读大专或大学文凭；有了大学文凭，你得去读研究生课程；研究生毕业的，你得有再读博士的打算。同样，对从事技术工作或技术操作的人来说，也有一个不断提高技术档次的问题。当然，有时候会处于两者都需要的境地，得并肩前行。

抓住主要矛盾，从影响发展的因素安排业余“充电”的内容，学会集中力量打“歼灭战”。有计划地“充电”，总比踏着西瓜皮滑到哪里算哪里要好、要实在。所以在综合分析了自己的情况和单位所能创造的条件、工作所能允许的范围之后，实事求是地制订一个分步实施计划，是保证“充电”不“断电”的要旨。

另外，要处理好适应目前工作的“充电”与为未来发展奠基的“充电”之间的关系。自然，在选择“充电”项目时，先应当着手于适应眼前的工作，着眼于未来的发展，能将两者融合起来、互为阶梯，那就再好不过了。如某公司总经理的秘书，将来想从事营销和广告策划工作。那么她业余“充电”，先选择了“文秘”专业，然后进行了“公关”和“营销”方面的培训，就选择得比较合理，有利于层层推进，不断接近既定目标。

(2)确定业余“充电”的内容和方式

目前社会上提供“充电”的学校和培训部门多如牛毛，有教育部门办的业余大学，有社会力量办的艺术、技艺学校，也有个人出资办的培训机构，还有自学考试辅导班等，而且内容应有尽有，课程都面向市场。这种多元的进修机构，为“充电”带来了方便，选择性也大为加强。

但对个人而言，还得根据自己实际情况进行选择，如果单位允许，集中一段时间学习当然是一件美事。但大多数情况下，利用晚上和双休日参加“充电”是目前许多业余进修学校提供的主要方式。如果时间不允许，那么选择自学考试方式，也不失为一种化零为整的办法。这种方式学习时间自由，灵活方便，学得扎实，但相对来说学习难度增大，需要付出更多的心血。短期培训班，相比更有弹性。

业余“充电”的时间、地点会有局限性，但由于社会教育提供面的扩大，或许这并不难解决。

而在目前自我“充电”强调通用性和工具性，也是很自然和适时的。电脑和外语，被人称为跨入新世纪的“通行证”，这两种“工具性”学科在当今和未来社会中的地位是很重要的。计算机风靡社会的速度之快，介入人们工作、生活的范围之广，出乎人的意料。尤其是上网“冲浪”和信息“下载”，让人感到世界在变大也在变小。因此，学会基本的计算机操作方法，这是现代年轻人生存所必需的。另外，与国际交流的频度与密度的增大，学一点外语也是年轻人应当走过的一道“坎”，因此，年轻人把眼光放远，应当把计算机操作在手里，把外语练在口中，成为“世界公民”。

(3)拓宽“充电”的时空

任何一项“充电”总有局限性，光依赖培训机构，或仅仅从培训机构获得新知,是远远不够的。因为培训教育,内容往往会滞后,而已授课范围有限。所以,在参加集体式的"充电"之余,挤出时间为自己开"小灶",即在接受社会培训的同时,注重自我更新和自我学习是十分必要的。有一位白领男士说得好:课堂"充电"是"高压电",能更集中;而在家学习,犹如是"变电站",输"电"及时。从长远看,学习社会,更需要个人理性地长久地不间断地学习。这个学习知识的"小灶"即使到了多媒体传授的"电脑煲"盛行阶段,也是不能丢弃的。

(4)实现"充电"的多重效应

"充电"是一种长远的人生准备,是精力、时间、金钱的投资性付出,是一种提高型的输入。对年轻人来说,"充电"与赚钱从长远看并不矛盾,但在具体进行中也许会有冲突。遇到这种矛盾,要看具体情况,既不必采取放弃赚大钱的机会而上学去"充电",也不能为了蝇头小利而迟迟不落实"充电"的计划。因为,一旦"充电"成功,毕竟像储蓄一样,有了"准备金"后的发展将会制造更大的赢机。

"充电",最好既同社会需求相适应,同时也与自己兴趣相一致。这样所获得的"充电"效率和生活乐趣会更多。

"充电",不仅要考虑现在的生存质量,也要考虑未来的发展前景。所以,"充电"是有点儿超前、有点儿积蓄、有点儿拼搏的自我完善行为,它的回报会在未来兑付。

如果你坚定了信心,想把现在的工作当作终身的工作,那以何种态度应付呢?假如由于目前的工作进行得顺利就感到很放心,每天快快乐乐地过安逸日子,那么你的情形就不一定能维持很久。

反之,若能将这份工作当作一生的工作而埋头苦干,不断进修,不停地创造新的东西,始终能"活到老学到老",进步一定是无穷的。这种人就能日日以清新愉快的心,有效率地做自己的工作。

有进取心的员工需要对工作有一种拿生命作赌注的热忱。把工作当作自己的使命,为了达成使命,甚至愿意舍命去完成。当然我们所说的舍命,不是要真正把生命丢弃,而是说他会更加卖命地工作、学习。

3. 接受企业培训

当今社会知识在不断更新，只有不断地学习，才能不断适应日益激烈的市场竞争。而组织员工的再培训、再提高已经成为企业人力资源部门的日常工作。员工只有接受培训，才能适应企业的不断发展和变化。

员工培训是一项重要的管理理念。摩托罗拉公司认为，在未来10年的商战中，最重要的武器是承受能力、适应能力和创新能力，而这一切最根本的保证就是加强员工培训。

新加盟的员工必须接受为期两天的新员工入职教育培训，课程包括：企业文化、员工教育及发展计划、公司和人力资源部的相关政策、公司的规章制度及奖惩条例和公司薪酬与福利政策等。之后，公司将对这些员工进行重新培训以保证员工的就业、生产能力和工作绩效。

如果你新到一家公司，公司规定你必须去参加职前培训，这时千万不要产生误会，心存排斥。员工受到培训是一次机会，通过培训可充分获得将要立足于社会所需要的各种基本知识和专业技能，并可通过职前教育，了解公司的各种情况，熟悉公司的环境，与未来的同事密切关系等。

作为一名公司职员，不妨利用空闲时间从事在职进修。虽然忙一点、累一点，但是总比与朋友吃喝玩乐、看电影、闲逛，或坐在家里看电视要有意义得多，更何况可以充实自己的实力，为将来的发展准备本钱，也可以结识一些有上进心的人，建立一个全新的人际关系网，有什么不好呢。

在现今商品经济社会里，企业员工应该具备一些与经济管理、商业贸易等有关的知识。比如，金融、税务、市场营销、企业管理等，都是目前比较热门的专业。企业完成了原始的积累阶段，正在向更高的层次发展，因此，企业越来越重视市场调查研究与分析、企业内部的管理、销售经营的指导等，这方面的人才也因此非常走俏，薪水丰厚。

4. 发挥专长

作为一名职员，在众多的同事中很难把自己显示出来，只有在关键时刻能露一手，才能引起上司的注意，才能引起同事的佩服，并奠定自己业务骨干的地位，为今后的发展打下基础。

(1)坚守专业

眼下专业意识虽已被淡化，但专业仍是大学生的立足之本，从事本专业的工作，比改行有更大的发展潜力。

小刘和小杨是同时进某电脑公司的计算机系硕士毕业生，小刘坚持不放弃电脑网络专业，当了一名网络开发工程师，小杨则应聘行政助理，放弃了计算机专业。在日新月异的计算机领域，小刘跟上了发展的步伐。三年后当上了网络工程主管，而小杨却忙碌于无休无止的行政事务，彻底放弃了计算机技术。开始小杨的收入要高于小刘，而现在反而不及小刘的一半，在公司的地位和作用也落后了。

(2)强化技能

除专业之外你更需要具备各种优异的技能，才可以凭借自己的力量去创造机会。常常有成千上万的人都专心致力地寻求机会，其实一个人若没有一种特长，即使你手中握着大学文凭，背靠着亲戚朋友，也没有用。若你真想求得机会，最好还是从自己身上找出路。什么事情只想依赖他人，总是靠不住的。

总之，你要尽量培养本领，将它积存起来。你不需要表面上的财富，可是你的内涵却非得十分富足不可。

(3)非你不可

不管学什么，你都要学会一两种专长，让你的上司认为“这点我的确比不上他”。只要能做到这点，上司就会在这方面让你一步。如果你所具有的特技对老板有所帮助，他一定会对你另眼相看。

比上司强只能体现在专业特长方面，目的是为了得到“特色”或提高

"身价",那才是获得幸福之道。同时,有了这种能力之后,对公司的贡献,对上司的服务,亦可不期而至。

5. 提升职业生涯品位

职业生涯品位是衡量职业生涯质量高低的整体性概念,反映员工在职业生涯中处于怎样的水平面。品位有高低之分。高品位的职业生涯是完满幸福的,低品位的职业生涯则是有缺憾的、不幸的,员工个人的素质不同,所处的环境不同,其职业生涯标准也会有所不同。因此,职场中没有固定的职业生涯模型,只有相似的职业生涯场景。

如果你的职业生涯活动与你的人生活动融为一体,把职业视为发展自己、服务社会、创造财富的工具和手段,超脱私利羁绊,达到进退有序、行止从容、得失坦然那样一种境界;清贫也罢,富有也罢,坎坷也罢,都不辱没你的生涯使命,都不会影响你的生活潇洒:你有远大的职业生涯目标,所以能看得开眼前的一切,知道什么时候需要为了生活而工作,什么时候需要为了工作而生活,这种职业生涯就是高品位的。

如果你的职业生涯活动与你的人生活动有机结合,把职业作为满足生存发展需要的工具和手段,注重现实和职业活动效果,如金钱、地位、名誉等;热爱人生,重视职业,把职业生涯安排得井然有序;在职业生涯天地里辛勤耕耘,收获着成功和失败,痛苦和欢乐,品尝着职业生涯的苦辣酸甜。这样的职业生涯是中品位的。

如果你的职业生涯活动与你的人生活动相脱节,把职业看成无足轻重的东西,充其量当成点缀生活的小道具,采取不负责任的态度对待职业生涯,随心所欲,低级庸俗,想干什么就干什么,想怎么干就怎么干,把职业生涯搞得乌烟瘴气,一塌糊涂;你非但没有在职业生涯中体现出人生价值,反而通过职业生涯来糟蹋人生,整天喝自己酿制的苦酒,根本体会不到职业生涯的欢乐和幸福。这样的职业生涯就是低品位的。

职业生涯品位是客观存在的,每个人都能找出相应的位置;同时也说明,职业生涯品位高低,并不是由名声、地位、薪水等硬件构成的,而是由职业观、职业习惯等软件因素决定的。而且,职业生涯品位也是可变的。

那么,如何提高职业生涯品位呢?

任何一种职业活动都有其规定性,任何一种职业生涯都不会像游戏那样快活轻松。因此,我们可以尝试:

(1)变干工作为表现自己

如果每天上班前,你就琢磨着今天又干哪些工作,需要花多少时间和精力的话,心里就会产生一种责任感和压力感,就会整天埋头苦干而露不出轻松的笑脸。

如果换一种思维方式,即在每天上班前,就琢磨着你今天又有机会表现自己了,该怎样通过做好工作表现出真正的你呢?处理工作事务时,就会精神抖擞,信心百倍,笑口常开。在把自己表现得光彩照人的时候,工作也一定做得相当完美,自然也显示出了职业生涯的高品位。

(2)变个体行为为群体规范

职业生涯是个人职业活动的全部内容,所以,职业生涯不仅仅是个体的行为。如果把职业生涯看成个人与大家相互作用的产物,个人的职业行为是受人际关系影响和制约的,工作好坏直接影响大家的利益,自己有向社会负责的义务,这样,即使你一个人单独工作,也能自觉地用群体规范来约束和鞭策自己,真正做到老板在场和不在场一个样。通过自我激励,不断创造职业生涯的光辉业绩,实现从量变到质变的职业品位的提升。

(3)变消耗机制为再造机制

职业生涯不是全部的人生,得失也各占一部分。一方面,获得精神和物质满足,另一方面又以损失体智能量为代价。所以,职业生涯的运转体制首先表现为消耗机制,如果受工作的驱使,成了工作的奴隶,长此以往,必将损害身体,影响职业生涯及其生活质量。把发展自身素质放在首位,把具体工作视为检验完善自身的工具和手段,力所能及的事尽力做好,力不能及的事,通过自我调整补充,争取做好。这样,就把职业生涯付出体智的消耗机制,变成了发展体智的再造机制。苦得其乐,乐在其中,再单调的职业生涯也会焕发出活力,枯燥的工作便会充满了快乐。

第四章　完善你的形象:现代员工的职场礼仪修炼

礼仪,是人类交往的前提和铺垫,不仅可以缩短陌生人之间的距离,也能抚慰冷漠的心灵;不仅规范着人们的言行,也让整个社会变得更加有序。而在职场若不懂得礼仪,员工便难以求得发展,只有举止有礼、神色得态、言语适宜,才有机会谋得出路。

修炼十四:个人服装穿着——衣着是无字的名片

1. 佛靠金装,人靠衣装

常言道:“佛靠金装,人靠衣装。”服装是员工传递给别人的强烈、显著的信号,它向社会提供着一切关于我们的信息,同时,服装也是一种有利的沟通工具,它用一种非语言的方式让我们顺利地与人进行着非语言的交流。比如说,雅致、端庄的服饰表示你对他人的尊敬,邋遢不洁的着装则表示你的不恭和轻视。服饰不仅体现着我们个人的形象,也代表着一个人的内在精神状态。

因此,着装的成功与否决定了你在各种社交场所得到的待遇是友好还是对立。毫不夸张地说,服装也是帮助我们走向事业巅峰的一种工具,因此,倘若你对自己的穿着毫不在意,那么,服装也会拉住或减缓你前进的步伐,甚至让你转而走向失败。

服饰是一种礼仪的需要,穿着是一门艺术,懂得这门艺术的人,会根据不同场合的要求,选择适时、合体的服装来展现自己的特点,显示自己高雅的审美情趣。

一般说来,着装时应遵循一个大家公认的“TOP 原则”,它既是有关穿着、打扮的最重要的原则,也是服饰礼仪的基本原则。要在生活中穿着得体大方,使自己的形象得到别人的认可,高档次的追求必须严格地遵守“TOP 原则”。

T 即是时间(Time),O 是场合(Occasion),P 是地点(Place)。其含义是要求人们在穿着打扮的时候,必须统筹兼顾,同时考虑到时间、地点、场合这三大要素。

“T 原则”即时间原则,是指在不同的时代、不同的季节、不同的时间应穿着不同的服装。服装的时代性体现在，在不同时代，流行的服装样式也各不相同，若不合时宜地乱穿衣，便会闹出笑柄来。穿衣也要考虑到季节的变换，若在深秋时节穿一件无袖轻薄的连衣裙，大概真是美丽“冻”人，但很难给人留下美感。同时，穿衣还要考虑到早晚时间的因素，一般有日装与晚装之分。日装要求轻便、舒适，便于活动，而晚装则要求艳丽、华贵、珠光宝气，晚礼服能起到烘托气氛，加强人际交往的效果。

“O 原则”即场合原则，是指服装应与当时当地的气氛融洽、协调。上街不可穿居家服、睡衣睡裤；上班时不能穿得过于艳丽、裸露，探亲访友着装应沉稳；去医院看望病人，应随意大方。因而合适的场合，穿着合适的服装，才能得到大家的认可和欣赏。

“P 原则”即地点原则，是指不同的工作环境，不同的社交场合，着装要有所不同。在商务场合的谈判桌上，必须穿着正式的职业套装，在工作以外的环境就可以换一套休闲装，让自己的身心得到彻底的放松。

服饰“TOP 原则”的三要素是相辅相成，互相贯通的。在社交活动中，总会处于一个特定的时间、场合、地点中。在出门前认真地考虑一下，怎样的装扮最合适才是社交成功的开端。

因此，法国时装设计师夏奈尔也曾说：“当你穿得邋邋遢遢时，人们注意的就是你的衣服；当你穿着无懈可击时，人们注意的是你本人。”莎士比亚说：“外表显示人的内涵。”在公司里，别人在判断一个人时，不光看才华，还看衣着。穿着不仅是人们职业生涯的一种道具，更是通向成功之路的一张“名片”。

在公司，着装打扮不仅可以作为协调同事关系的润滑剂，也是你升职加薪的“秘密武器”。着装代表着个人的品位，暗示着个人的能力，也是上司或老板脸面上的一道光彩。

每个人在不同的职业场合，都要扮演不同的角色，而着装正是演好这一角色的必不可少的道具。穿着是一门艺术，但没有固定的标准，每个人可以根据自己的兴趣、爱好、体型和个性来选择适合自己的服装，需要注意的是必须满足不同场合的社会规范。

着装是一门艺术、一种文化、一种“语言”是一个人给其他人“第一印象”的重要组成部分，是评价个人礼仪的重要因素。正确得体的着装，不仅能体现个人较高的精神面貌和文化修养，给人留下良好印象。着装需要时间、地点、场合、身份和色彩的相互协调。

商务交往中的着装主要需要注意三点：

(1)“三色原则”，即全身颜色不多于三种颜色；

(2)“三一定律”，即鞋子，腰带，公文包三个部位保持一种颜色；

(3)“三大禁忌”，即袖子商标没拆，袜子出现问题，领带打法出现问题。

穿衣戴帽，各好一套，但作为一名员工绝不能全都按着自己的嗜好行事，下面是可供您参考的职员穿着的基本经验：

(1)三点一线原则，即一个衣冠楚楚的男人，他的衬衣领开口、皮带袢和裤子前开口外侧应在一条线上；

(2)除非你是在解领带，否则无论何时何地，松开领带结都是对他人不礼貌的一种表现；

(3)一身漂亮的西装和领带会使一个男人看上去更加帅气，而穿一套好西装如果不系领带，则会使你看上去更加帅不可言；

(4)当你穿了西装但不系领带时，你可以穿那种平底便鞋，而如果你系了领带，就只能穿正式的皮鞋了；

(5)如果不是非常专业的手洗，一件800元的衣服很快就会只值25元人民币；

(6)上有精神的头型，下有一双好鞋，胜过一套昂贵的西装；

(7)如果你不好好擦亮你的鞋，1000元一双的鞋看上去也会和100元一双的鞋差不多；

(8)如果你的皮带和皮鞋不是同一质地的，至少要在颜色上做到统一；

(9)西装一季不可以干洗两次以上，而如果想保持燕尾礼服的原形，那就最好一次也不要干洗；

(10) 如果去某个场合拿不准穿什么服装，那么隆重点儿远远比随便点儿强得多，人们会认为你随后还要去一个更重要的场合呢；

(11) 穿戴得起名牌衣饰当然最好，但无论如何也不要让人认为是水货名牌，那将会使人联想到你人格上的某些缺陷；

(12) 破旧的牛仔、皮靴在过去可谓潇洒，而在现今的都市白领氛围中只能算拙劣演出，记住，现在是雅皮时代的复苏，嬉皮只能偶尔为之，着衣观念应该跟着时代更新；

(13) 不喜欢纯粹的西装革履，也可以将休闲装穿得很绅士，干净、单色，尤其是浅色组合加上不夸张的贴身线条，会给人一个准休闲绅士的印象；

(14) 夹克或风衣等休闲装内衬以衬衫领带，会给人以非常讲究的印象，若再配上西裤、皮鞋、公事包，那真可谓气度不凡；

(15) 男人对于衣饰的要求，应"少而精"，不可以太廉价，也无需太多，但一定要精致耐看，比如精致的做工、款式与色泽等，夸张的衣饰除非是表现个性的需要，否则只可能弄巧成拙，不如在领带、皮带、丝巾和公事包等方面多下点工夫！

2. 男士西服的正确穿法

我们说西服是职场男士最适宜的服装。作为一名商场上的男士，正确的着西装尤为重要。总的来说，男士服装应以表现稳重专业、令人依赖最为重要。中国人一般多以西装来代表男士的身份、地位，而在正式场合中，也以深色西装来应对。服装在无声地告诉人们是否信任服装的主人。穿着像个成功的人，就能让你在各种场所得到想要的尊敬和善待。

(1)正式场合的穿着

在美国，有人曾做过一个调查，他发现法庭的陪审团倾向于相信那些着装得体，看起来有教养、有权威，可以让人信任的人。即使是有罪的被告人，如果能展示给陪审团一个可信的形象，他甚至会被认为是无罪的，因而律师们不但自己努力利用穿着以赢取法官和陪审团的信任，也劝说被告和证人以可信的形象出庭。在调查中还发现，深蓝色西服、白衬衣被认为是最可信的搭配。深蓝色西服与白衬衣的结合是“放之四海而皆准”，走遍世界不出错的商业标准制服。

国内的一些知名的葡萄酒商决定举行一个品酒会，时间、地点都安排好了，到了那天，主持者在门口迎宾。

来的第一位穿了一件T恤加一条休闲裤，第二位穿了一件衬衣，一条黑裤子……等到大家都到齐，主持人发现来宾中，只有少数的几位老板穿着西装，只有他们的出现还能让人相信这是个红葡萄酒品酒会。大多数到会的葡萄酒厂的老板们穿着随便，或者胡乱搭配。他们的外表很难让人相信，他们是葡萄酒厂的老板，品酒会是个高雅的社交活动，但这些葡萄酒厂的老板们的穿着与白酒厂的老板们没什么不同的。

西装在职场上是大家共同的着装，但仍要懂得如何穿出“自己的品味”，并能自然地反映工作性质。穿衣的关键首先在配色，然后才是各衣物间的相关性，尤其是业务上常要接见贵宾或参加会议的人士，必须在颜色上表现出沉稳和专业，同时也要格外注重西装的质地。

并非是穿着西装革履你就可以步入成功人士的阶层了。西装与西装之间还有着天壤之别，西装的面料、样式、裁剪、色彩，是否合体等，把两个穿着不同西装的人划入了不同的阶层。一个不懂得穿衣之道的人，表明他还没有吸收足够的现代文明。或许是穿着别人的西装，至少表明他很缺乏品味。而一个把西装的标签还露在袖口的人，毫无疑问，他一定来自一个没有触摸到时代脉搏的山村，他或许是第一次穿着西装步入文明的都市。

西装依其开扣式可分为单排扣西装及双排扣西装，穿单排扣西装在较为正式的场合常搭配一件背心，称为三件装。一般而言，单排扣西装比双排扣西装看起来较修长，男士选购西装时应先考虑与自己的身材比例是否相配。

正式上班时，西装上衣与长裤的颜色与材质应完全一致，并且以合身为宜，尤其在公司有重大庆典会议，贵宾莅临或需出去拜访客户等场合。正式上班服的颜色以深色为主，黑色、深灰、深蓝等色素都是适当的选择，但也要考虑到体形。

一套剪裁得体的深色西装能让人看起来利落、帅挺、稳重，也能带给人信任感与权威感。在选购西装时，可依下列要领来检视其剪裁是否合身，做工是否精细。

①西装的肩膀与袖子的接合处需平整，不能有皱折；

②西装的布料与衬里要配合，以使西装的立体感更加明显；

③西装下摆是否平顺，不能往外翻；

④试穿时解开西装的扣子，下摆不会分开或重叠；

⑤试穿西装时，手部做上下、前后、左右摆动时不会有压迫感。

西装在穿着时也同样有着礼仪要求。站立或行走时，西装上衣的扣子要扣起来，穿单排扣西装时，最下方的扣子可以不扣，但双排扣西装则全部要扣起来。坐下时可以解开扣子，但起身时必须尽快将扣子扣上。

在会议或庆典的场合，如果你原先解开扣子坐着，临时被点名上台致词、领奖或做报告，此时可以边走边扣纽扣，这样并不算失礼，而且可缩短与会者等待的时间。避免让人久等是尊重他人的基本礼貌。

西装上衣的口袋原则上不要放东西，口袋的袋盖要保持平静地盖在外面。口袋里放东西会鼓鼓的，将口袋的外盖塞进口袋中则会显得很邋遢。胸口的小口袋可在庆典或宴会场合配花或是放置折叠雅致的手帕做装饰，不宜插钢笔或放置其他东西，西装裤的口袋里也最好不要放东西。

正式西装的下裤，应于上衣同样花色及材质整套制成的，而半正式西装则可以搭配不同的长裤。在上班场合仍以西装裤为宜，颜色的搭配上，长裤的颜色最好与上衣色素相近或略深一点。

(2)衬衫的搭配

衬衫的选择与西服同样重要，一件衬衣就可以昭显你的真实面目。衬衣能够用无数种方式让你原形显露。

小葛是一个公司的新进职员，他是个追求时尚的年轻人，常常西装笔挺的，很受大家的欢迎。

一天公司的老板告诉他，明天有一个重要的谈判，需要他一同前去。第二天，他认真地做了一番修饰。可刚到公司，他就被公关部的负责人叫到了办公室，原来是因为他在深色的西服中，穿了一件黑色衬衣。这在商业场合中也是很忌讳的。

为了不有损公司的形象，他只得不参加这次的谈判。

因为一件衬衣，小葛丧失了一次充分展示自己的机会。西装里面一件属于“酷时尚”的黑色衬衣会告诉我们，它的主人在盲目地追求自己并不知道的东西。当然，他们之中的很多人并不盲目，只是缺乏基本的商业着装知识而已。我们很多时候能看到，男人们让深色衬衣与深色的西装相结合，更有甚者，穿着黑衬衣，外面却套着浅色的西装，让人们觉得他们像《教父》中的黑手党一样。很多人把时尚模特的时装当成了自己模仿的标本，但是却忘记了商业与时尚属于两个不同的世界。

衬衫的选购同样也很重要。选购时要注意与西装、领带的搭配，衬衫的领型也要与自己的脸型相配合，穿西装时，里面应穿长袖衬衫，长袖衬衫的袖长以手臂自然下垂时正好盖到手腕为准，袖口应露出西装长袖外1～2厘米，衬衫衣领从后面看应比西装领高出1～5厘米。衬衫式不同主要在于领型的不同与颜色、花纹的选择。

衬衫的面料应以纯绵制品为主，不宜穿丝绸，人造棉一类薄软无形的衬衫。正装衬衫的颜色则必须为单一色彩。在正规的商务应酬中，海蓝色或白色衬衫，可谓商界男士的首选。正规衬衫通常应无任何图案，但较细的竖条衬衫在一般性的商务活动中也可以穿着，但是绝对不要穿带条纹的西装。

正装衬衫的领型多为方领、短领和长领。选择时应根据自己的脸型、脖长以及领带结的大小，千万不要使它们之间的反差过大。正装衬衫以无胸袋者为佳，免得乱放东西。即使有胸袋的衬衫，也要尽量少往胸袋里塞东西。

(3)西装外装不可忘

商界男士在自己的办公室里，可以脱下西装上衣，直接穿着长袖衬衫，打着领带，这是常见的，但是如果奉召进入高级主管的办公室，或是与重要客户谈判,你一定要再把西装外套穿起来,这是一种礼貌与尊重的象征,倘若不穿西装上衣,而直接穿着长袖衬衫,打着领带去参加正式活动,是不合乎礼仪规范的。

小董是个部门经理,平时非常注意自己的形象,在着装上非常注意,在搭配上更是恰到好处,在员工中很受大家的尊重和爱戴。

这天,小董仍像往常一样,按时地走进了办公室,他把西装外套脱下,挂在了衣架上,开始了新一天的工作。突然,办公桌上的电话响起,原来是总经理打来的电话,董事长要他过去汇报一下近期业务的拓展情况。他心里有点激动和兴奋,因为这对于自己是个很好的表现机会,董事长是个要求严格的英国人。因而他认真地把所需要的材料都准备好,便去了董事长的办公室。

他彬彬有礼地敲开门,并与董事长握了手,并对业务的情况做了具体的介绍,一切都进展的很顺利。可细心的他,仍发现在他刚进门的那一刻,董事长皱了一下眉头。

回到自己的办公室,他一直在想,究竟是哪里出了问题呢?忽然,他的目光落在了衣架上,他一下子明白,原因就出在自己刚才没有穿上西装外套上,真可谓"智者千虑,必有一失"呀。

有一种说法:西服是男人的脸面。作为一名企业员工,西服是通常的选择,男式西服造型严谨,线条舒展,纽扣较少,穿脱方便,适合不同年龄的男士穿着。男士身穿西服,整个人看上去显得庄重、成熟、稳重,极具男性的成熟魅力。因此,掌握西服的正确穿法对于现代职场男士来说非常重要。

3. 领带让男士更气派

领带是男士服饰中的重要配角,是男士在选购服装时不可忽视的一环。领带代表一个人的个性与品位,应注重色素和图案,以及与西装、衬衫的搭配。

领带可以是单色的、条纹的，或者带有花纹的，但都应与衬衫的色调相呼应而不能喧宾夺主。一般而言，条纹的领带能给人以稳重、理性、权威的印象，适合在谈判、演讲、主持会议的场合使用。格纹和点状的领带则给人中规中矩、按部就班的感觉，适合在面试或会见上司和长辈时使用。如果衬衫已有花纹，则最好选用素面的领带。

领带的面料以真丝为最优。领带的颜色一般与衣服颜色搭配，成一致，或形成鲜明对比，一般来说，黑西装、白衬衫，应选灰、蓝、绿色领带；灰西装、白衬衫，宜选灰、绿、黄色领带；深蓝色西装，白色或明亮的蓝色衬衫，可以选择蓝色、灰色、黄色领带。

选用领带除了依场合之外，也要配合个人的体型与肤色。身材较高的人系上领结下只有一个图案的单花领带，看起来会很大方，而斜纹细条的领带可以让较矮的人看起来修长一点。颈部较长的人宜选用花纹较大或粗斜纹的领带，采用结形较大的打法配以宽领衬衫，有掩饰此缺点的作用。脸色较红润的人，领带最好选素色而材质较柔软的，红色系的领带会让你看起来更为红光满面，脸色较黯沉或苍白的人，宜选色调较为鲜明一点的领带，这样整个人看起来会明朗一点。

领带打好后，必须长短适度。标准的长度是领带打好之后，下端正好盖住皮带扣。通常情况下，打领带时可不用任何配饰，即便使用领带夹，也不宜令其处于外人视野之内，而只宜将其夹在领带打好后的“黄金分割点”上，即衬衫自上而下的第三至第五粒纽扣之间。

小王所在公司同事的老母亲去世了，大家都相约前去参加葬礼，前一天，他挑来挑去，准备了一件深色西装，但挑到领带，却让他犯了难，红色肯定是不能选，因为比较年轻的原因，他的领带又大多颜色比较鲜亮，无奈之下，他只得选了一条海蓝色，相比其他颜色的领带来说，已经算是颜色最深的了。

可参加完葬礼之后，他还是被好友批评了，因为大家都戴着黑领带。为此他亲自又去选购了几条深色领带，以备不时之需。

深色领带应是你的衣橱中必不可少的一角，不可因个人爱好而盲目追求时尚，以致在关键时刻而有失礼仪。参加葬礼时，应穿传统的白色素面衬衫，领带、背心都只能用黑色素面的，同时不可佩戴任何饰品。

领带在男人装饰中占着极重要的地位，穿西服缺少领带，就会给人以不完美的感觉。领带起着画龙点睛的作用，它反映着一个人的审美情趣与文化修养。现在的领带式样繁多，花色品种齐全，面料质地优良，各种等级的领带应有尽有。穿西服时，不能认为随便扎条领带就行。其实在领带的选择上也有许多学问。选择领带必须考虑适合脸型、肤色、西服的色彩及使用场合等，而且还要考虑不同的季节，不同款式的西服怎样搭配。每位上班族成员，每件西服至少要配 5 条领带，才能根据衬衫、场合等情况的变化而搭配开。

西装领带是社会流行的服装，也是一名员工的首选服装，它能使一个人的气质、派头通过衣服得以具体的表现。

4. 职场女士穿衣经

(1)服装不要太过陈旧

服装的颜色是否与肤色相配也是至关重要的，要找出适合自己的色彩，最简单的方法莫过于将不同颜色放在自己脸下，然后仔细对镜观察自己的脸色，平时逛街时也不要放弃试穿的机会，这是个迅速找到合适颜色的好办法。

小萍是一个专业技术过硬的女工程师，她曾经被公司誉为“能力小姐”。为了事业的拓展，她又前往另一家知名的大企业前去应聘，小萍虽然能力很强，但有时却常常缺乏自信。因而在面试中表现得很紧张，结果，她失去了一个渴望的工作机会。不久，她又收到另一家大公司的面试通知，接受了上次的教训，她请自己一位做形象设计的朋友帮她分析失败的原因。

最终她意识到问题出在自己的服装上，她面试的服装，是一套黑色的西服套装，而且样式也早已过时，穿着这套衣服，无形中给她的内心造成了很大的压力，她的朋友告诉她：“穿着这样的衣服去面试，纵然你再自信，也会下意识地表现神不守舍，缺乏底气。你的技术再好，可你缺乏自信的表现和这套早该淘汰的服装会给别人很多疑问。”

当她第二次去面试时，朋友帮她精心挑选了一套适合她肤色和身材的深蓝西服套裙，样式简单流畅，裁剪得体，做工精细，质地优良。穿上这套衣服，小萍看着镜中的自己，也觉得眼前一亮，她感到从未有过的自信。

最终，她顺利地得到了这份工作，面试她的经理在雇用她后说：“从你一进门，你的外表和自信的神态就让我感到你能够胜任。”

(2)服装不可过于性感

成功的女人懂得，性感和信任感基本上是来自两个世界的词汇。很多女人认为，性感是让一个女人成功的秘密武器，但不适宜的性感会毁坏一个女性的权威和可信的形象。

嘉丽在一家公司已经工作了十多年，自从大学毕业后，她就这样许多年进进出出这家公司的大门，当年的同事都早已升迁或者跳槽到了其他公司，而她至今依然在自己进来时的位置上，没有任何上升的趋向，在这个公司工作了这么多年的经验都没有为她的职业生涯增加任何有价值的背景。

其实，并非是她的能力让人质疑，一直得不到晋升的原因很简单，只是由于她服装上的失误，她的服装无时无刻不在展示着她性感的魅力，每天她都会穿着紧身衣服，紧身的裤子紧紧裹住她扭动着的性感腰身。老板也很认可她的工作能力，但却毫无提升的意图。无论公司的业务多么繁忙，老板都不让嘉丽代表自己的公司去参加任何会谈，而宁愿让一个刚毕业不久的新手来代替。没有人告诉嘉丽是什么让她无法赢得同事和上司对她的信任。嘉丽的性感让她付出了十多年来事业停滞不前的代价。

身为女性，着装要表现出专业人员的权威性，要表现出进取之意；要符合单位组织上的期望，在个性表现的群体合作上保持平衡。要注意到其他同事的穿着，尤其是比自己职位高的同事的穿着。

服饰是女人温温婉婉说不完、道不尽的一门功课，有人说：“女人的身上永远都少一件衣服。”

对女人而言每一件漂亮衣服的拥有，都是生命美丽的一种认可与赞赏，女人对衣着的敏感细致，常会在无意与悉心之间表露无遗，潇洒总是巧妙地让其自然流露而毫不吝啬，而优雅总是精致地激发妩媚悄悄地缠绕着你的心。

比起男士服饰，女士在服装上的选择就显得十分多样化，不但样式变化多端，设计走向也常随着流行趋势改变。在快节奏生活的时代，对服饰的定义有了新的解释。服饰是一种礼仪的需要，它为我们的打扮提供了一个可供参考的标尺，它告诉我们，在各种各样的具体环境中，我们的穿着也应因时、因地，这样才能符合礼仪的规范。这样才能创造出一个真正完美的自我。

职业女性和时髦女郎不同，前者由于办公室里特有的文化，要求着装具有一定的特殊性，而后者却具有太多的随意性。办公室里的着装已不仅仅代表着个人的形象，它是企业形象的一个组成部分。如果穿着不当就会让你的上司或老板在客户面前丢脸。因此，女士着装不妨参考以下建议：

①着装要看效果，重在追求简洁明快，给人以落落大方、诚实可信的感觉；

②服装的布料最好选择免烫的，这样就可以随时穿用，以免仓促上班来不及整理；

③可以在职业套装里面配一件漂亮的衣服，以便突然决定出席酒会或晚宴时，可以不必回家换装；

④选择服装及服饰要适当考虑流行，但不要标新立异，否则会破坏了职业女性特有的气质；

⑤色彩搭配也很有讲究，白领阶层通常以中灰色调为主，可以利用鲜艳的饰物、衬衣、丝巾等配饰，有画龙点睛的效果；

⑥西装外套必不可少，与西装配套的衬衣可配些花边，以增加女性的特质，否则，过硬的线条会给人带来不舒服的感觉，也可以通过丝巾来柔化西装的硬度。

⑦职业女性穿着裙子的长度以膝盖上下变化为宜。高个子的女性裙

长可以加长一些，矮个子的裙长可以适当短一些，但上下长度偏差不超过20厘米。

⑧职业女性穿着套装时，一般全身不超过三种颜色，最好以一种颜色为主色占绝对面积，一种颜色为辅色起辅助效果，再选一种颜色为点缀色。

不同的职业对服装都有不同的要求，套装虽然是万无一失。但是，容易流于刻板，如果你是从事比较活泼的行业，如广告、行销，配搭裙子或长裤的上衣，未必要同色，也可以有些图案，最忌是上衣与裙子都花花绿绿。即使是名牌套装，那也会令你像棵圣诞树。

多参考时尚杂志，若真的毫无头绪，那就选择素色的套装。大红、大橙或粉红、粉紫等颜色，你最好避而远之；而且一定要合身，太宽显得随便，太窄显得寒酸。

裙子若有蕾丝或雪纺薄纱这类“田园风情”的点缀，最好留到周末去野餐时才穿。因为，你一定希望同事多注意你的发言要点而不是双眼随着你胸前的蕾丝飘来飘去。

还有，身上不要挂满叮叮当当的饰物，或者耳朵是珍珠耳环，粉颈是八两金，手腕是玉镯加银手链，手指却是水晶风水戒，这样的品位非常“阿嫂”，难登大雅之堂。

化妆和发型也很重要，虽然麦当娜很成功，但是，以同样的造型走进办公室灾难就会从天而降，你不但无法成为公司里的天后，上司大概还会叫你走人。

职业女性不要在工作单位和社会之中参与激烈的竞争，合体、合意的服饰将增添女士的自信，使自己更好地生活，更成功地做事。

5. 穿好鞋袜，足下生辉

很多人对于衣着很是讲究，却总是忘了脚下的行头，然而，正是这经常被人遗忘的看起来不起眼的地方却对个人的形象有着很大的影响。

(1)袜子处的衔接很重要

你是否在意过你身上的另一件小服饰呢,那就是你的袜子。或许你认为它深藏在你的鞋子中,最不容易被人发觉的,再说,即使露出那么一小截,根本没什么大不了的。可你是否意识到,若袜子的长短、颜色、图案的不当,将会有违礼仪规范呢?

老张是一家公司的老总,已经五十多岁了,或许因为年龄比较大的缘故,平时在穿着上,并不十分在意,但因为所处的位置的原因,也会注意一些自己的穿着,但总难免会有闹笑话的时候。

这天,老张要去与一个外商谈判,他做了充分的准备,但仍是出了一些问题,他西装笔挺,看起来似乎年轻了好几岁。可与客人握手之后,坐下来,他的白色袜子因为太短。松松垮垮地,露出了皮肉。临走时,外宾的公关经理送给了他一双深色的棉袜……

袜子起到衔接裤子与鞋的作用。男士穿袜子时要注意长度、颜色和质地。长度要高及小腿上部,太短的袜子穿起来会松松垮垮,坐下来稍不留意就会露出皮肉,这是不符合礼仪规范的。袜子的颜色以单一色调为好,穿彩条、带图案的袜子都不合适,黑色、棕色或藏青色,以保证袜子颜色与长裤相配或相近,当穿黄褐色裤子时,要选择与鞋相配的袜子,白色的袜子通常只与休闲裤和休闲袜搭配,袜子的颜色切不可与裤子反差太大。就质地而言,应选购棉质袜子。

(2)让鞋子为你的形象加分

在华尔街流行着这样一句话:永远不要相信一个穿着破皮鞋和不擦皮鞋的人。有人说:“鞋是一种身份的象征!穿着破皮鞋的人只有两种可能:第一,他买不起新鞋,那么,我们不得不对他的能力产生怀疑;第二,他舍不得买新鞋,那么,他一定是个吝啬金钱的人。无论是哪种可能性,他都不会取得我们的信任。”

在古罗马,人们也用鞋来标志一个人的身份。只有出身高贵或者良好教养家庭的人会在成长中被告知:鞋是一个人的身份象征之一。闪亮、优质的鞋,仿佛意味着杰出、优秀,可信的品格和人格。然而,大多数人却常常忽略了脚下，而把全部的精力放在了西服、领带、衬衣、饰物上，他们认为鞋是微不足道，没有人会把目光集中在你的脚下。当你的脚下不是消极地引人注目时，人们不会盯住你的脚下不放。倘若你的破皮鞋“脱颖而出”，就不要期望人们会忽略它了。

王女士与一家保险公司的人，约好了在周末上午投保的事情，销售员小李如约而来，王女士开门迎接，小李西装革履，发型整齐，满脸微笑。

王女士心想：“果然是一个地道的保险推销员的形象，不愧是一流的保险公司。”对这家保险公司的好感顿时增添了许多。当小李与王女士坐在沙发上时，跳入王女士眼帘的首先是小李脚上那双已经变了形的旧皮鞋，它破旧，毫无光泽，很多皱纹，与西服毫不相配。王女士顿时大失所望。

尽管小李用极好的口才不厌其烦地介绍了许多适合王女士的保险险种，王女士的思维却全在那双陈旧的破皮鞋上。最终也没有买这份保险，她对小李的可信度产生了怀疑，因为保险公司所卖的是信誉，而保险的信誉首先来自对销售人员的信任度。

大多数情况下，人们不是买不起或舍不得买新鞋，而是由于他们感到旧皮鞋穿着最舒服，但一双旧皮鞋却会带来可怕后果，它能够轻易地毁坏你的形象，赶走你的商机，把你的工作结果无情地抛弃，它让别人从心底悄悄地鄙视你。不要责备人们的肤浅，不要说他们是势利眼，因为人们更相信你的鞋，而不是你！即使你身上穿着顶级名牌西服，手上戴着价值昂贵的饰物，不论它们是多么的精致、巧妙、完美地搭配，一双破旧、沾满尘土的皮鞋可以抹去你身上的所有光彩。

从一双皮鞋就能够推测出穿鞋者的诚实度，听起来是那么不可思议。在人们看来，穿鞋者的品性和可信度就如同鞋的质量一样，穿鞋的目的不仅仅是为了舒服，它是人们在对你的成就、可信度、社会背景、教养等等的又一个重要检验标准。

在美国的一次形象设计的统计调查中，大多数的人认为穿着保养良好的鞋给人以良好积极的印象。作为一位成功人士，不仅仅有雄厚的银行存款就行了。他们不满足于仅仅是优秀，他们追求卓越，需要不断地超越现有的状态，这些都会表现在生活的细节上。因而，出门时，先看一看自己的脚下，不要让一双不堪入目的破、旧、脏的鞋成为毁坏你形象的“蚁穴”。精心保养的鞋应该是发亮的，没有显著、突出的皱纹。不要幻想别人会忽视你的脚下，每天都应该保持擦皮鞋的习惯，一双沾满了灰尘的破旧皮鞋是对你精心设计的形象的巨大摧毁。

修炼十五：保持整洁的形象——外在形象是个人修养的体现

1. 为你的个人形象加分

仪容美是自然美、修饰美与内在美的统一。自然美指先天条件、天生资质；修饰美指通过修饰而使自身扬长避短；内在美则指修炼于内心、表露于外在的一种气质。

要想拥有完整的、美丽的仪容，上面所说的三方面缺一不可。这三方面的美，有先天的，有后天的；有“硬件”上的，有“软件”上的；有的方面可以通过自己的努力来使其改变，而有的方面我们虽然无能为力却可通过自身的努力借由其他方面来弥补。

因此，追求完整的仪容美，自身的作用很大：先天(外貌)不足的，可以后天弥补(修饰)；外在不足的，可以内在弥补(加强修养)。

(1)头发

①勤于梳洗。做好头发的日常护理，遇到重要应酬，应于事先理发、洗发。

②长短适中。取决性别因素，兼顾身高、年龄、职业因素。

③发型得体。与个人的发质、脸型、身高、胖瘦、年龄、着装、佩饰、性格相协调，与自己的职业、身份、工作环境相适应。

④美化自然。运用染、烫、吹等方法进行美化，应以自然为本，不宜留

有过重的雕琢痕迹。

(2)面容

要勤于洗脸,保持干净清爽。眉、眼、口、牙、鼻、耳等部位,除了保持清洁,也可适当修饰。没有特殊宗教信仰、民族习惯和特殊身份,最好不要蓄须。

(3)手臂

手掌保持卫生、健康、美观,做到勤洗涤、常修剪,不要以脏手、病手与人握手、接触。在正式场合,肩臂(尤其是肩部)不应裸露在外,女士腋毛外露更是大忌。

(4)腿脚

正式场合中,腿脚禁忌裸露。穿短裤、光脚穿鞋都是不应该的。女士穿裙子,不许光着大腿不穿袜子,更不许光着的大腿暴露于裙子之外。

人是视觉的动物,所以许多事物都是眼见为凭。虽说通过良好的沟通互动之后,人与人之间的关系也会得到很大的改善,但是,假如你在与人初次见面时就通过你的装束和仪表呈现良好的第一印象,那接下来的互动与沟通不是更省力吗?

打造犹如黄金般耀眼的个人形象,绝对有助于你在人际关系上的拓展。假如你给人的感觉始终是沉闷难以亲近,对于你工作的拓展肯定没有帮助,当然人际关系也就更加受封闭了。毕竟有时候靠关系去打通一些环节,做起事情来更加得心应手且事半功倍。所以你个人形象的重要性也就不言而喻了。

(1)微笑向善

常言道,伸手不打笑脸人,总是把美丽的笑容挂在脸上,就算是再冷漠的人肯定都会被你融化!

(2)有礼貌

微笑和礼貌是友善之相。更何况"礼多人不怪",所以在与人接触时,时刻记得把"请、谢谢、对不起"挂在嘴边,也会为你的外在形象加分不少。

(3)仪容整洁

包装精美的东西人人喜爱,打扮得整齐干净的人也一样会赢得别人的心仪目悦。试想一个蓬头垢面、衣服皱皱巴巴、脸上眼屎未擦的人，让人如何敢接近？保持清洁是打造优质印象的先决条件。

(4)眼神会说话

在与人接触时，我们通常会透过对方的眼睛读到一些信息，包括真伪善恶等动机或意图等，总能从眼神当中传递出来。因此，在与人说话时一定要注意自己的眼神，不要让人产生不正经或虚假的感觉.否则无论怎样用语言表达，也回天无力。

2.个人卫生不能马虎

在日常生活中，保持仪容的干净整洁是最基本的，因而清洁卫生是仪容美的关键，是礼仪的基本要求。不管长相多好，服饰多华贵，若满脸污垢，浑身异味，那必然破坏一个人的美感。因此，要保持仪容干净整洁首先必须坚持洗澡、勤洗头、洗脸。

美国一家保险公司的高级精算师比尔，受中国某保险公司之邀，前来中国商谈一些可能合作的培训项目。比尔提出与地方保险经理们见个面，以便更好地了解中国的市场。

在某保险经理人的会客室里，比尔见到了几个重要的负责人。比尔是个非常注重细节和卫生的人，而那天的会见的人中，有一位负责人李经理给比尔留下了深刻的。李经理是一个比较懒散的人，头发又乱又长还有大量的头皮屑，且鼻毛特长。那“亚热带丛林般”的黑色鼻毛不可阻挡地从鼻孔中伸出，在心理上折磨着比尔的神经；那让人作呕的头皮屑扰乱着比尔平和的心绪，使得比尔对他的印象糟透了。

英国形象大师玛丽·斯皮莱恩说：“如果你不在早上花点时间注意细节，更重要的是其他人会为你遗憾一天。”细节的疏忽会为我们带来不可弥补的、不可言传的尊严的损害。我们精心装饰自己，保持干净、整齐，不但是对自己的尊重，也是对别人的尊重。你不一定要穿着最昂贵的西服，但是请花一点时间整理这些不可言语的卫生小节吧！这也是对自己形象应该承担的基本责任，是至关重要的。

洗澡可以除去身上的尘土、油垢和汗味，并且使人精神焕发。头发是身体的制高点。不论是男是女，不论头发是长是短，不论天气状况如何，都应保持清洁，从而使之清爽宜人、无异物、无异味。

脸是人的招牌，脸部的清洁，尤为重要。它主要包括眉毛、鼻毛和胡须。这三个部分可谓脸部的点睛之处，它们的干净整齐，会使您的仪容更趋于完美。

3. 美好发型增添魅力

女人的美来自于一点一滴的自然流露，外表的修饰更是必不可少。从事办公室工作的白领女性，要学会在各种场合扮好自己的形象，不仅仅是为了个人的美丽，也是为你所谋职的单位的整体素质和形象，更是为你在职业场上春风得意或反败为胜。

有这样一句流行语——要想扮靓，从“头”做起。市面上的新潮发型层出不穷，造型奇异，可要成为一位明快、干练、漂亮、灵动的白领丽人，发型上应力求整齐、清新、简洁、易梳理。而对于那些花样百出的罕见发型，还是“忍痛割爱”敬而远之吧。不过，为了烘托单调、沉闷烦琐、紧张的工作，发型也可或扎或盘或放交替变化，以呈现多样化的风格。

小文是一个公司的女文秘，她刚刚毕业不久，有着一头令人羡慕的长发，因为长期都是披肩的长发，因此，小文决定换一个新发型。

周末，小文来到了理发店，在理发师的建议下，小文决定尝试一下挑染，理发师帮她挑了一个柴红色，这个颜色很靓，从各方面来说，这个颜色对小文的确很合适。

第二天当小文出现在公司时，大家都为之一振，但总经理却把她叫到办公室，说：“今天与外商的谈判你就不要参加了，先去把头发给染回来，我不希望让‘火鸡’出现在我的谈判桌旁。”

小文心里很委屈，但无奈只好再把头发恢复原样……

作为一名白领丽人，发型的设计，一定要分场合，美是一方面，但更重要的是要在合适的场合中散发出适合的美。

拥有一头亮丽的秀发是每个女孩都梦寐以求的，因而头发的护理更是必不可少的。应该养成经常洗头的习惯，防止头皮屑的出现，同时也应根据自己的发质来选择洗发水。头发也需要营养，因而定期对你的头发做营养护理，让你更加光鲜动人。

4. 女人化妆的技巧

有人说“女人不化妆就如同男人不刮胡子”。化妆是修饰仪容的一种方法。在商务活动中，进行适当的化妆是必要的，这既是自尊的表现，也是尊重他人的表现。适度得体的妆容可以使一张平凡的面孔，容光焕发，光彩照人。化妆既显示了一个人的生活品味，也是交际礼仪的要求。

小美是个爱漂亮的年轻女孩，她刚刚步入职场不久，买了许多的化妆品来学习化妆。

一个周末，几个关系不错的朋友打电话约小美一同去郊游。她欣然应允了，心想：这下可以一展自己的亮丽妆容了。可当小美出现在朋友们面前时，大家都惊呆了，不过不是被小美的美丽妆容而震撼，而且被吓呆了，因为小美一身的休闲服，却浓妆艳抹，结果这次郊游，小美玩得非常不自在。

过了不久，小美所在的公司举行酒会，小美为此做了精心准备，穿了一件黑色的晚礼服，但为了吸取上次的教训，小美只薄薄在脸上打了一层粉，几乎不着痕迹。

晚上来到宴会上，小美才意识到自己这次又犯了错，因为大家一个个妆容亮丽，浓妆艳抹的，在灯光的照射下更是光彩动人，而自己却在灯光下越发惨白。

小美终于明白，光学会化妆还不行，还要明白在什么场合下适合什么样的妆容。

化妆对每一位白领女性来说，都是非常必要的。化妆应遵循浓淡相宜的原则。化妆的浓淡要视时间、场合、年龄、性别而定。工作岗位上宜施淡妆；白天的社交活动也应施淡妆，浓妆只适合晚上的娱乐性活动，如舞会、酒会等。旅游和运动时均不宜化浓妆。

年轻的白领女性拥有着生命中最宝贵的青春自然的光彩，因而只需用淡妆来突出自然的亮丽和清纯，浓妆反而显得俗不可耐。中年女性则可用略重一点的妆容来弥补岁月的痕迹。

(1) 淡雅为主

从化妆自身的特点和规律来看，化妆者将所化之妆恰如其分地融入自己身体各部，若有若无，自然而然，好像天生如此，才是化妆的最高境界。按照通行的审美心理来说，如果没有从事特殊的职业，出席特殊的场合，浓妆艳抹也难于让人接受。

(2) 扬长避短

世界上没有人在仪表方面十全十美，任何人都或多或少、或大或小的仪表缺陷。有很多人巧妙地通过化妆，突出优势、修饰平庸、弥补缺陷，美化了自身形象。

①认清自我。自身的年龄、身材、肤色、容颜等基本条件，是化妆的重要参考依据，当然应当心中有数。

②区别对待。化妆也要“具体问题具体分析”，根据自身各部位的特点，运用不同的化妆技巧进行美化。切忌千篇一律，或者盲目仿效时髦的化妆方法。例如：圆脸型的人适合留直线型长发或高耸型盘发，长脸形的人适合留蓬松卷发或留有齐眉刘海的童花式发型。把上述两种脸型所适合的发型对调，就会圆脸更圆，长脸更长。

③弥补缺陷。化妆提倡扬长避短，在扬长和避短中，重点是避短。因为长即便不扬，也还过得去；而短不补，却真是看不过眼；如果只扬长不避短，缺点就更显突出了。

(3)协调整体

①协调部位。使各个部位所化之妆统一起来，形成格调、色调协调的整体，才能取得完美效果。否则，局部的妆化得再精彩，整个人也出不了

"彩"。

②协调服饰。不同色调的服装往往需要不同色调的化妆品,不同款式搭配的服饰往往需要不同的化妆手法。服饰与化妆协调一致,才会取得整体美。比如:身着素雅的连衣裙,就应选择清淡的妆相。

③协调环境。化妆需要"应景",要与不同的环境、场合、社交气氛相协调、相适应。众所周知,参加舞会和参加追悼会所用之妆就截然不同。

(4)遵守常规

① 修饰避人。化妆属于个人隐私,原则上只能在家中进行。特殊情况下,需要在其他场合临时补妆,也应选择隐蔽之处。在许多国家,单身女子在饭店、舞厅、街头等公众场合当众化妆、补妆,往往会被视作风尘女子。

②运用技巧。不同的化妆品有不同的使用方法和技巧,化妆之中,要合理运用。否则,不仅造成浪费,还会弄巧成拙。

化妆应做到全面,要照顾到颈部,避免脸部与颈部的肤色落差太大,若头发梳起也应注意到耳根处。以焕然一新的亮丽妆容出现在社交或工作场合会使自己更加自信,同时也会拥有一份好心情。

5.巧用香水更迷人

我们对于美好的事物都是充满向往的,而在与人交往中,人身体散发出来的气味对交往也有着很大的影响。因此,不论男人还是女人,懂得巧妙使用香水才能为自己的形象加分,而这也是职场员工礼仪修炼的一部分。

(1)女人用香水须讲究"巧"

女人的味道有人称它为"女人香",当一位衣着得体的白领女性从你身边飘然走过,那一阵淡淡的幽香便扑鼻而来,直沁心脾。倘若一位漂亮的白领,衣着合体,却一身的汗臭会让人做何感想?当然,香味也不可过于浓重。香水也要依场合选用,在职场上,不可用味道太浓郁的香水,参加晚宴时则香味可以稍微浓重些。

小香是某公司的部门经理,有着良好的形象,她非常爱出汗,因而洗澡对她来说几乎像吃饭一样重要。一天,由于前一天晚上加班太晚,结果第二天早上也起晚了,为了避免迟到,她只是换了一套服装便匆匆出门了。

到了公司大家依然像往常一样,向她问好,但脸上的表情却显得很不自然,她认真审视了一下自己的服装,发现并未有任何疏漏。最后,还是同事兼好友的小佳告诉她,问题出在了哪里。原来,正是由于自己没有洗澡,而造成了自己身上的汗味太重,影响到了自己的形象。

体味就是你身体的一部分,大多数东方人不会有太严重的体味问题,洗澡是解决体味的方法之一,而香水也几乎已成为衣着的一部分了。香水能够表现出优雅和品味。通常将香水点在手腕、身后的动脉等处,使它随着脉搏带来的体温发散,喷式香水很容易喷出太多而使香水味道太浓,因此,可以朝上方喷出一些形成一团香水雾,然后人从香水雾中走过去,这样,香水味会恰到好处。

(2)男人也可用香水,但须适当

男人身上散发的气味是一个不得不拿出来讨论的话题。许多有成就的男人,腰缠万贯,身上却散发出古怪的、难闻的气味,这种令人不愉悦的气味在破坏着成功人士神话般的形象。其实,只要他们稍稍地注意一下个人卫生,每天能够洗一次澡,或至少两三天洗一次,再经常更换一下衣服,这些不起眼的小节却会塑造出你的伟岸形象。

英国的一家公司,为了提高经济效益,决定进行裁员。有一位很有能力的员工,来自沙漠地带国家。或许是由于国家风俗的原因,他经常不修边幅,胡子拉碴的,每每从他身边走过,大家都纷纷掩鼻而过,他身上所发出的气味让人无法靠近,因为他在一星期的工作时间内都穿着一件衬衣。

最终公司经理以裁员为借口让他离开了公司。因为经理认为这样的职员一定在某种程度上患有精神忧郁症。否则,一个健全的人是不会这样懒惰和糟蹋自己的。

在这里,我们将提到一件能够去除身体异味的东西——古龙水。大部分的中国男人不喜欢用古龙水,因为他们认为香水是女人的专利,香水会让男人缺乏“男子气概”。而源于法国的古龙水、香水,它们的出现正是为了解决当时法国落后的卫生条件,让贵族们用香味驱除那种由于长期的不洗不梳,由人身产生的恶臭而盛行的。但直至今天男人的古龙水生意依然兴隆,为什么呢?随着时代的变迁,古龙水有了新的用途,它不仅仅用于驱除臭味,而且是一个有格调、有品位、高雅的男士正常消费品,男士们身上散发出的清淡的古龙水味道,会让人联想到:“他是一个注重生活品位的人,有雅致的情调的人。”

修炼十六:职场礼仪规则——举止得当,职场最美的风景

1. 职场会面礼仪

提高自身礼仪修养对员工非常重要。礼仪的知识有很多,我们需要通过不断学习来提高自身的礼仪修养。明代大学者王守仁说:“知是行的主意,行是知的工夫;知是行之始,行是知之成;知和行是一个本体、一个功夫。知而不行,只是未知。”所以我们要实践,就要从这“知行合一”上下工夫、从自己的坐言起行上下工夫,就要告别不符合礼仪规范的行为。

官场有规则,商场有规则,社会有规则,职场更有自己的规则。没有规矩,难成方圆。如果一个员工不懂得这些规则,就会处处碰壁,寸步难行,而一旦掌握了这些职场规则,就如领到了一份出国护照,通行无阻了。

(1)名片怎么索取

名片索取是现实生活不可缺少的一部分,尤其是从事商务方面工作的人,更要知道这一点。

· 遵守交递方式;

· 交换时说“能否有幸得到你的名片”;

· 要谦恭；

· 要平等。

注意这些会帮助你很容易得到你想要的名片，因为你索取名片的人认为你很有诚意、很有礼貌、很懂得人情社交的规则，那样他自然而然地就愿意和你交友，因为在他的脑海中你是个不错的人。

(2)上下楼梯时的顺序

· 上楼时，女士在前男士在后；长者在前，幼者在后，此以示尊重也。

· 下楼时，男士在前，女士在后；幼者在前，长者在后。此为安全顾虑之故。

(3) 电梯怎么坐

①电梯礼仪

职场中乘坐电梯是需要遵守一定礼仪规则的，具体说来有以下几点：

· 较靠电梯门口处，则为第二顺位；

· 进出不站在近门处；

· 面朝门的方向站立；

· 依序进出；

· 等待即将快步到达者；

· 帮助不便按仪表者；

· 不对镜整装；

· 尽量避免交谈；

· 绝不吸烟；

· 避免过度使用香水；

· 愈靠内侧，是愈最尊贵的位置；

· 操作按键是晚辈或下属的工作，所以同电梯辈份最低的人站在此处。

②出电梯时注意的问题

· 注意安全。当电梯关门时，不要扒门，或是强行挤入。在电梯人数超载时，不要心存侥幸，非进去不可。当电梯在升降途中因故暂停时，要耐心等候，不要冒险攀援而行。

·注意出入顺序。与不相识者同乘电梯,进入时要讲先来后到,出来时则应由外而里依次而出,不可争先恐后。与熟人同乘电梯,尤其是与尊长、女士、客人同乘电梯时,则应视电梯类别而定:进入有人管理的电梯,应主动后进后出;进入无人管理的电梯时,则应当先进去,后出来;先进去是为了控制电梯,后出来也是为了控制电梯。

③与客人共乘电梯要注意的礼仪

·伴随客人或长辈来到电梯厅门前时:先按电梯呼梯按钮。梯厢到达厅门打开时:若客人不止1人时,可先行进入电梯,一手按“开门”按钮,另一手按住电梯侧门,礼貌地说“请进”,请客人们或长辈们进入电梯轿厢。

·进入电梯后:按下客人或长辈要去的楼层按钮。

·若电梯行进间有其他人员进入,可主动询问要去几楼,帮忙按下。

·电梯内可视状况是否寒暄,例如没有其他人员时可略做寒暄,有外人或其他同事在时,可斟酌是否必要寒暄。

·电梯内尽量侧身面对客人。

·到达目的楼层:一手按住“开门”按钮,另一手并做出请出的动作,可说:“到了,您先请!”客人走出电梯后,自己立刻步出电梯,并热诚地引导行进的方向。

·为了您和他人的方便,切忌为了等人,让电梯长时间停在某一楼层,这样会引起其余乘客的不满。但也不要不等就在电梯门口的人,一上电梯就关门。

·进出电梯要礼让,先出后进。遇到老幼病残孕者,应让他们先行。如果电梯里人很多,不妨静候下一趟电梯。

·拎着鱼、肉等物品时,要包裹严密,尽量放在电梯角落,防止蹭在他人身上。

④电梯礼仪应遵循的几项原则

·电梯门口处,如有很多人在等候,此时请勿挤在一起或挡住电梯门口,以免妨碍电梯内的人出来。

·上电梯不可争先恐后 ,要遵循先来后到的原则。

·电梯内如果有人,男士、晚辈、下属应让女士、长辈、上司和老弱病残者先进入电梯;电梯里如果没有人,男士、晚辈或下属可先进入电梯按住开门按钮。

·如果电梯门即将关上,但还有人没进来,先进入电梯的人应帮助他人将开门键按住,等后面的人进来。

·当电梯关门时,不要扒门,或是强行挤入。

·进入电梯后,应正面朝向电梯口,以免造成面对面的尴尬。

·不要用自己的身体将电梯按钮挡住,需要按按钮但又够不着时,不要将胳膊伸得太长,而是请离按钮近的人帮忙。电梯无专职人员操作时,靠近按钮的人应负责帮助他人操纵电梯。

·在电梯里不要大声讲话,也不可乱丢垃圾,更不能吸烟。

(4)路怎么走

在街上行走有交通规则的制约,在公司走路也有它自身的一套规矩。不遵守这套规矩,就会显得失礼,轻则使人认为你是一个不拘小节的人,重则会使人认为你不懂礼貌、缺乏修养。所以说走路看似简单,却能够从小见大,从细微而见一个人的全部。因此,必须引起我们的注意。

当在公司院里遇到上司或来访的客人时,如果是相对而行,应靠到一侧行走。如果是同方向而行,当对方走在前面时,不可从后面超越过去,要想超越时,应先打招呼,然后迅速通过。如果是与长辈或女性相遇,要马上站住让路。行走时如果有女士同行,必须迁就女性的步伐,让女士走在前面,男士走在后面。

引领来访或办事的客人时,走路的规矩就更为重要。二人并行,以右为上,所以应请客人走在自己的右侧,为了指引道路。在拐弯时,应前行一步,并伸手指引。三人同行,中间为上,右侧次之,左侧为下,随行人员应走在左边。如果是接待众多的客人,应走在客人的前面,并保持在客人右前方 2～3 步的距离,一面交谈一面配合客人的脚步,避免独自在前,臀部朝着客人。引导客人时应不时地根据路线的变化,招呼客人注意行走的方向,如:"请向这边走"、"请注意前面有积水"、"请慢慢地通过,前面路较窄"等。在引导客人的路上避免中途停下来与他人交谈,除非有必要。

在向客人介绍建筑物等场所或指示方向时,避免使用食指,正确的做法是掌心稍微倾斜向上,四个手指自然地并拢并伸直,大拇指微微地弯曲,这表示出对客人的尊重。

(5)门怎么开

我们每天都要几次几十次地开门关门。有人会说,谁还不会开门,这么简单的一件事,怎么会有那么复杂?殊不知,开门也是有学问的。特别是公司的员工,从开门中也能体现出个人的修养。

当需要进入别人的办公室或会议室时,要轻声敲门,得到允许后,轻轻推开门,门柄在右则用右手去开,门柄在左则用左手去开,不可扭着身子开门,进门后要注意不可反手关门,正确的关门方法应是面向门轻轻地关上,不可使劲关门,更不能使门发出大的声响。

当我们的任务是陪伴客人同行时,应将来客领到房间的前面,打开门先让客人进去;如果门是向外开的,应把门向自己的方向拉开,请客人先走;如果门是向里开的,应把门推开,自己先进,并扶住拉手,不让门动,再请客人进去;如果是大厅的旋转门,应该自己先进去,不要再推让客人。

如果需要使用电梯时,同行的无论是客人还是上司,如果有服务人员,应请客人先进,如果没有服务人员,自己则应先行一步,走进电梯按住电钮,待上司或客人进入后,再启动电梯。下电梯时,应该让上司或客人先行离开电梯,自己再出来。如果自己有急事需要赶时间,可向上司或客人打招呼后,先走一步。

(6)车怎么坐

坐车也应该讲究礼节,了解车怎么坐,对于职场人来说是很有必要的。只有在车上找准自己的位置,在工作中才能明确自己的职责,在各种场合中游刃有余。当与上司或客人一起乘车时:如果乘坐的是前后两排4个座位的轿车,一般司机侧后靠门的座位是上座,是主宾的位置。司机正后面的次之,是主要陪同人员的座位。司机旁边的位置是最低级的座位,一般是由秘书、向导或警卫人员来坐。有些人习惯把上司让到司机旁边的座位,这是不对的,更多的上司都不会接受这个位置。上车时,应请上司或客人从右侧门上车。陪同者要从左侧门上车,避免从客人座前穿过。如果上司或客人先上车,坐到了陪同人员的位置上,也没有必要请上司或客人挪动位置。车门应有下属员工主动关上。下车时由下属员工先下车,打开车门等候其他人下车。

与女性一起乘车时,不论她的职务高低,一律先让女性上车,男性坐在她的左边。如果是由主人亲自驾车,客人要坐在司机旁边的位置上,以表示对主人的尊重。上下车的正确姿势是要侧着身体向前移动,下车时靠近车门后,再从容下车。

乘坐飞机或火车时,靠窗的位置是上座,向着前进的方向则更好。如果火车是 4 人对座,向着前进方向靠窗的是第一位,对面的是第二位。第一位的旁边是第三位,对面的是第四位。如果是 6 人对坐的位置,前进方向的中间为第五位,对面的为第六位。

员工要在日常生活中多观察,多记忆与他人相处时的礼节,才能处理好这些职场中必须要面对的看起来微小但影响很大的事宜。

2. 握手的礼仪常识

优雅的举止,洒脱的风度,常常被人们羡慕和称赞,最能给人们留下深刻印象。一个人行为举止的综合,就是风度的具体表现。是社交中无声语言,是个人性格、品质、情趣、素养、精神世界和生活习惯的外在表现。包括:规范的站姿、优雅的坐姿、正确的走姿、适度的手姿、合适的表情等。

在社交场合中,握手作为一种礼节,其顺序根据握手人的社会地位、年龄、性别和身份来确定,社会地位高者、年长者、女士、主人享有握手的主动权。朋友、平辈见面,先伸出手者则表现出更有礼貌。

当有人为你介绍新同事或客户时,你一定会伸出手与他相握表示友好,而通过握手的动作你亦可传达或热情、或尊敬、或欣赏等信息。所以握手也是大有学问的。

(1)与领导握手时

要先等领导伸出手,时间长短依领导松手来决定,切勿自己先甩开手，因为这是十分不礼貌的行为。

(2)与朋友握手时

自己要先伸手，才显得更主动表示友好，尤其是碰到熟悉的朋友时，最好远远地伸出手等着，这不仅表示出诚意与兴趣，更可让对方感受到你的热情。

(3)与女士握手时

通常由朋友介绍认识后都是由女士先伸手，然后男士再迎上去轻轻相握，这样显得更有绅士风度！另外不要握得太久，以免给人“吃豆腐”的错觉！

(4)不要前后老摇晃

握住对方的手后，紧握一下即可，不要一直频频地摇晃，这样容易给人不够稳重的感觉。

握手的规矩

握手作为见面时的一种礼节，有约定俗成的规矩和要求。戴手套的男士握手前应脱下手套，放好或拿在左手上，再和人握手。多人同时握手时，注意不要交叉握手，不可左手右手同时与两个人相握，也不宜隔着中间的人握手。

男女握手时，女士只需要轻轻地伸出手掌；男士稍稍握一下女士的手指部分即可，不能握得太紧，更不要握得太久。握手时，应友善地看着对方，微笑致意。切不可东张西望，漫不经心。

在社交活动中，熟悉和遵守握手的规矩，与人打交道时方能够做到应付自如，彬彬有礼，以便建立和保持和谐、融洽的人际关系。

谈话的表情要自然，语言和气亲切，表达得体。说话时可适当做些手势，但动作不要过大，更不要手舞足蹈。谈话时切忌唾沫四溅。参加别人谈话要先打招呼，别人在个别谈话，不要凑前旁听。若有事需与某人说话，应待别人说完。第三者参与谈话，应以握手、点头或微笑表示欢迎。谈话中遇有急事需要处理或离开，应向谈话对方打招呼，表示歉意。

伸手顺序

在握手时，双方握手的先后顺序很有讲究。一般情况下，讲究的是

"尊者居前"。即通常应由握手双方之中的身份较高者首先伸出手来，反之则是失礼的。具体而言：

女士同男士握手时，应由女士首先伸手；

长辈同晚辈握手时，应由长辈首先伸手；

上司同下级握手时，应由上司首先伸手。

宾主之间的握手则较为特殊。正确的做法是：客人抵达时，应由主人首先伸手，以示欢迎之意；客人告辞时，则应由客人首先伸手，以示主人可就此留步。

在正规场合，当一个人有必要与多人一一握手时，既可以由"尊"而"卑"地依次进行，也可以由近而远地逐渐进行。

握手的禁忌

在正式场合与他人握手时，主要有下述五条禁忌应当避免：

(1)用左手与人握手。握手宜用右手，以左手握手被普遍认为是失礼之举。

(2)戴手套与人握手。握手前务必要脱下手套。只有女士在社交场合戴着薄纱手套与人握手，才是允许的。

(3)戴墨镜与人握手。在握手时一定要提前摘下墨镜，不然就有防人之嫌。

(4)用双手与人握手。用双手与人相握，只有在熟人之间才适用。与初识之人握手，尤其当对方是一位异性时，两手紧握对方的一只手，是不妥当的。

(5)以脏手与人握手。在一般情况下，用以与人相握的手理应干干净净。以脏手、病手与人相握，都是不应当的。

3.正确的餐饮礼仪

顾名思义，餐饮礼仪就是在用餐时应遵守的行为规范。座次的安排、敬酒礼仪、用餐时的规范等都是在社交场合经常能用到的。如果能按照礼仪规范做到了，他人都会觉得你是个非常懂礼仪的人，反之，则会觉得你不懂礼貌，甚至会影响你的学习、事业。

第一，入座的礼仪。先请客人入座上席，再请长者入座客人旁，依次入座，最后自己坐在离门最近处的座位上。

第二，进餐时，先请客人、长者动筷子，加菜时每次少一些，离自己远的菜就少吃一些，吃饭时不要出声音，喝汤时也不要发出声响，最好用汤匙一小口一小口地喝，不宜把碗端到嘴边喝，汤太热时凉了以后再喝，不要一边吹一边喝。

第三，进餐时也不要出现其他声音，如果出现打喷嚏、肠鸣等不由自主的声响时，就要说一声“真不好意思”、“对不起”、“请原谅”之类的话，以示歉意。

第四，如果要给客人或长辈夹菜，最好用公用筷子，也可以把离客人或长辈远的菜肴送到他们跟前。

第五，要适时地抽空和左右的人聊几句风趣的话，以调和气氛。不要光低着头吃饭，不管别人，也不要狼吞虎咽地大吃一顿，更不要贪杯。

第六，最好不要在餐桌上剔牙，如果要剔牙时，就要用餐巾挡住自己的嘴巴。

第七，最后离席时，必须要向主人表示感谢，或者就在此时邀请主人以后到自己家作客，以示回谢。

我们在职业生涯中，无论是工作还是社交，都少不了喝酒的场合，有时是要宴请别人，有时是被人宴请，有时是陪客，有时是业务应酬。不同的场合喝酒的规矩是不同的，不懂这些规矩，就不能算是一个合格的员工。因此，酒怎么喝也要当成一门学问去研究。

(1)较大规模的宴会，可能有一两桌是属于主人预留的，位置多设于台下最前列，做客的不可贸然入座，否则会弄得主客双方尴尬。

(2)中式的宴会，大都采用圆桌。但每桌照例有一个主人或招待者，在主人两旁的座位，一般是留给上宾或主客，即使得到主人邀请，也不好马上就座。不过目前很多场合也不很拘泥这一点。

(3)入席时如果有主人或招待人员，那么座位应听候主人或招待人员指派，过于礼让有时反而令人反感。如未定座位，应由尊长坐上座，自己拣适当的座位坐下，不必过于谦让。

当你快要坐下时，切记要用手把椅子拉后一些再坐下，如果用脚把椅子推开，这样就表现出你是一个没有修养的人。女士们若有男同事同行时则不必自己动手拉椅子了，可让男同事代劳。

(4)入席时，要坐得端正，双腿靠拢，两脚平放在地上，不宜将大腿交叠压在一起；双手不可放在邻座的椅背，或把手搁在桌面上。

(5)未上菜时，不可玩弄杯、筷，或频频起立、离座。

(6)夹菜时，筷子不可在碟中乱搅一通或专挑好的来吃，筷子也不要伸到碟子的对面。用汤匙舀汤，不要盛得太满，以免洒在桌面上。

大凡筷子、汤匙，不要整段塞进口里，筷子夹菜送到牙齿。汤匙仅沾唇边，既合卫生，又很文雅。夹菜时，偶然掉下一些小菜于碟外，就不可把它重放于原碟，要放于盛置残渣的碟中。

(7)进餐时，不宜高谈阔论。咀嚼食物时，尽可能将嘴巴闭合，不要发出声音。如要打喷嚏、咳嗽，应马上掉头向后，拿手巾掩口。如果你在那天伤风咳嗽，最好不去赴宴会，因为在席上频频咳嗽不仅失礼，而且影响宴会气氛。

(8)在餐桌上，主人如有敬酒之举，你也应该敬一杯。敬酒时，身体要端正，双手举起酒杯，待对方饮时即可跟着饮。如果是大规模的宴会，主人只能依次到各张桌去敬酒，每一桌可派出代表到主人台去向主人回敬。敬酒时，态度要从容大方。如果服务人员端茶给你，要向服务人员表示一下谢意，但不能过度。这表示你尊敬别人，同时别人也会尊重你。

(9)酒桌上最好不要中途下桌，若万不得已时也应向同桌的人说声“对不起”，同时还要郑重地向主人道歉，说明情况。如果有长辈在内，最好向后退两步，才转身离开，这样，才能表现出你是一个有教养的人。

(10)吃完之后，应该等到大家都放下筷子，以及主人示意可以散席，不能没等别人吃完饭就随便离开。

(11)喝完酒后，便可以告辞了，这时主人已经站在门口准备送客了。你可以随着众客人走到主人面前，握一下手，说声“谢谢”便成了，千万不要拉着主人的手说个没完没了，即使你有很多话要跟主人说，也该留等他日有空再谈，免得妨碍主人送客。

4. 学点手机和网络礼仪

随着手机的日益普及，无论是在社交场所还是工作场合放肆地使用手机，已经成为礼仪的最大威胁之一，手机礼仪越来越受到关注。在国外，如澳大利亚电讯的各营业厅就采取了向顾客提供“手机礼节”宣传册的方式，宣传手机礼仪。

公共场合特别是楼梯、电梯、路口、人行道等地方，不可以旁若无人地使用手机。

在会议中、和别人洽谈的时候，最好的方式还是把手机关掉，起码也要调到震动状态。这样既显示出对别人的尊重，又不会打断发话者的思路。而那种在会场上铃声不断，并不能反映你“业务忙”，反而显示出你缺少修养。因为在会场或会谈的短短时间里，你不和别人联系天也不会塌下来！

在一些场合，比如在看电影时或在剧院打手机是极其不合适的，如果非得回话，或许采用静音的方式发送手机短信是比较适合的。

在餐桌上，关掉手机或是把手机调到震动状态还是必要的。不要正吃到兴头上的时候，被一阵烦人的铃声打断。

无论业务多忙，为了自己和其他乘客的安全，在飞机上都不要使用手机。

使用手机，特别是在公共场合，应该把自己的声音尽可能地压低一下，而绝不能大声说话，以赢取路人的眼球。

一切公共场合，手机在没有使用时，都要放在合乎礼仪的常规位置。无论如何，都不要在并没使用的时候放在手里或是挂在上衣口袋外。

放手机的常规位置有：随身携带的公文包里，这种位置最正规。有时，可以将手机暂放腰带上，或是开会的时候交给秘书、会务人员代管，也可以放在不起眼的地方，如手边、背后、手袋里，但不要放在桌上。

手机短信的越来越广泛地使用，使得它也成为手机礼仪关注的焦点。在一切需要手机震动状态或是关机的场合，如果短信的声音此起彼伏，那么和直接接、打手机又有什么区别？所以，在会议中、和别人洽谈的时候既使用手机接收短信，也要设定成震动状态，不要在别人能注视到你的时候查看短信。一边和别人说话，一边查看手机短信，能说明你对别人的尊重吗？

在短信的内容选择和编辑上，应该和通话文明一样重视。因为通过你发的短信，意味着你赞同至少不否认短信的内容，也同时反映了你的品味和水准。所以不要编辑或转发不健康的短信，特别是一些带有讽刺伟人、名人甚至是革命烈士的短信，更不应该转发。

此外，网络已进入各级国家行政机关，成为员工办公时所使用的一种高效便捷的工具。员工在使用网络执行公务时，应当遵守网络礼仪，体现个人的良好素养。

办公室的电脑是办公工具，因此不可利用工作之便为个人服务，玩网络游戏、上网聊天或做其他与工作无关的事情。上网查阅资料要提高效率，网上使用的语言要文明、规范，不使用攻击性、侮辱性语言，不以单位或部门的名义在网上任意发布个人对新闻时事的看法等；同时还应尽量避免在网上谈及与自己所知机密相关的话题，更不可故意泄密。

5. 公务员会面礼仪

会面，通常是指在较为正式的场合与别人相见。在日常工作中，基层公务员往往需要会见各式各样的客人。在会见他人时，尤其是当基层公务员以主人的身份在工作岗位上会见正式来访的客人时，既要对对方热情、友好，又要讲究基本的会面礼节。从某种意义上来说，假如不讲究基本的会面礼节，那么基层公务员对会见对象的热情友好往往便难以得到体现。在工作岗位上，会见客人的礼节甚多。对一般的基层公务员而言，称呼、问候、介绍、握手、座次、合影等,当属人人皆须掌握的最基本的会面礼节。

(1)称呼的习惯

称呼,一般是指人们在交往应酬中彼此之间所采用的称谓语。选择正确的、适当的称呼,既反映着自身的教养,又体现着对他人的重视程度,有时甚至还体现着双方关系所发展到的具体程度。

基层公务员在正式场合所使用的称呼,主要应注意以下两点:

① 称呼正规

在工作岗位上,人们所使用的称呼自有其特殊性。下述正规的五种称呼方式,是可以广泛采用的:

· 称呼行政职务。在人际交往中,尤其是在对外界的交往中,此类称呼最为常用。意在表示交往双方身份有别。

· 称呼技术职称。对于具有技术职称者,特别是具有高、中级技术职称者,在工作中可直称其技术职称,以示对其敬意有加。

· 称呼职业名称。一般来说,直接称呼被称呼者的职业名称,往往都是可行的。

· 称呼通行尊称。通行尊称,也称为泛尊称,它通常适用于各类被称呼者。诸如"同志"、"先生"等,都属于通行尊称。不过,其具体适用对象也存在差别。

· 称呼对方姓名。称呼同事、熟人,可以直接称呼其姓名,以示关系亲近。但对尊长、外人,显然不可如此。

② 称呼的忌讳

以下四种错误称呼,都是基层公务员平日不宜采用的:

· 庸俗的称呼。基层公务员在正式场合假如采用低级庸俗的称呼,是既失礼,又失自己身份的。

· 他人的绰号。在任何情况下,当面以绰号称呼他人,都是不尊重对方的表现。

· 地域性称呼。有些称呼,诸如,"师傅"、"小鬼"等,具有地域性特征不宜不分对象地滥用。

·简化性称呼。在正式场合,有不少称呼不宜随意简化。例如,把"张局长"、"王处长"称为"张局"、"王处",就会显得不伦不类,又不礼貌。

(2)问候的做法

问候,亦称问好、打招呼。一般而言,它是人们与他人相见时以语言向对方进行致意的一种方式。通常认为,一个人在接触他人时,假定不主动问候对方,或者对对方的问候不予以回应,便是十分失礼的。

在有必要问候他人时,基层公务员主要需要在问候的次序、问候的态度、问候的内容等三个方面加以注意。

① 问候次序

在正式会面时,宾主之间的问候,在具体的次序上有一定的讲究。

·一个人问候另一个人。一个人与另外一个人之间的问候,通常应为"位低者先行"。即双方之间身份较低者首先问候身份较高者,才是适当的。

·一个人问候多人。一个人有必要问候多个人时,既可以笼统地加以问候,也可以逐个加以问候。当一个人逐一问候许多人时,既可以由"尊"而"卑"、由长而幼地依次而行,也可以由近而远地依次而行。

② 问候态度

问候是敬意的一种表现。当问候他人时,在具体态度上需要注意四点:

·主动。问候他人,应该积极、主动。当他人首先问候自己之后,应立即予以回应。

·热情。在问候他人时,通常应表现得热情而友好。毫无表情,或者表情冷漠,都是应当避免的。

·自然。问候他人时的主动、热情的态度,必须表现得自然而大方。矫揉造作、神态夸张,或者扭扭捏捏,都不会给他人以好的印象。

·专注。基层公务员在对其交往对象进行问候时,应当面含笑意,以双目注视对方的两眼,以示口到、眼到、意到,专心致志。

③问候内容

问候他人,在具体内容上大致有两种形式,它们各有自己适用的不同范围。

·直接式。所谓直接式问候,就是直截了当地以问好作为问候的主要内容。它适用于正式的人际交往,尤其是宾主双方初次相见。

·间接式。所谓间接式问候,就是以某些约定俗语成的问候语,或者在当时条件下可以引起的话题,诸如,“忙什么呢”、“您去哪里”,来替代直接式问好。它主要适用于非正式交往,尤其是经常见面的熟人之间。

6.现代办公的礼仪禁忌

职场是一个团队共同工作的场所,因此,在现代办公中有很多的礼仪禁忌,具体体现在以下几个方面:

(1)过分注重自我形象。办公桌上摆着化妆品、镜子和靓照,还不时忙里偷闲照照镜子、补补妆,这不仅给人工作能力低下的感觉,且众目睽睽之下不加掩饰实在有伤大雅。

(2)使用公共设施缺乏公共观念。单位里的一切公共设施都是为了方便大家,以提高工作效率,打电话也好、传真、复印也好,都要注意爱惜保护它们。给好友拨个电话聊聊近况本无可厚非,只是别在办公室里聊天,以免影响他人工作。

(3)零食、香烟不离口。女孩子大都爱吃零食,且以互换零食表示友好。只是值得提醒小姐们:工作时要把“馋虫”藏好。尤其在有旁人和接听电话时,嘴里万万不可嚼东西。至于好些以吸烟为享受的男士在公共场合也应注意尊重他人,不要随意污染环境。

(4)形象不得体。坐在办公室里,浓妆艳抹、环佩叮当、香气逼人、暴露过多,或衣着不整、品味低俗,都属禁忌之列。工作时,语言、举止要尽量保持得体大方,过多的方言土语、粗俗不雅的词汇都应避免。无论对上司、下属还是同级,都应该不卑不亢,以礼相待,友好相处。

(5)把办公室当自家居室。中午自带的饭盒用电炉加热一下,再煮点小菜做汤,一顿挺丰盛的午餐有了,饭后将餐具之类随手一放。可下午上班后，同事们要在这种充满菜味的屋子进进出出，感觉实在不妙。

(6)高声喧哗，旁若无人。有什么话慢慢讲，别人也一样会重视你的。其实，你的文质彬彬，可以教会别人同你一起维持文明的环境。

(7)随便挪用他人东西。未经许可随意挪用他人物品，事后又不打招呼的做法，实在显得没有教养。至于用后不归还原处，甚至经常忘记归还的，就更低一档。

(8)偷听别人讲话。两人私下谈话，你却停下手中活计，伸长两只耳朵；别人在打电话，你两眼紧盯打电话的人，耳朵灵得像兔子，这会使你的形象大打折扣。此时，有可能的话还是暂且回避一下的好。

(9)对同事的客人表现冷漠。无论是谁的朋友踏进你的办公室的门，就是你们的客人，而你就是当然的主人。做主人的，一言两语把客人推掉，或不认识就不加理睬，都有失主人的风度。而客客气气招待同事的客人，客客气气地记录电话，这样，当你下次出外办事时，你的朋友也同样不会遭受冷落。

修炼十七：培养职业姿态——行为举止就是你的履历

1. 培养你的职业姿态

从一个人的行为举止能看出一个人的人生经历，能判断出一个人的气质类型。也就是说，从外在看，形象是一个人的外部特征在别人眼中的"成像"，若从本质上看，却是你的气质、知识、修养等内在因素的一种展示，这种展示往往是通过微小的、甚至不重要的小事来实现的，并时时刻刻、事事处处都会向外界传送着你的形象信息。因此，我们要时时审视一下自己的形象。看看自己的穿着是否合适，仪表是否整齐干净，走路时是否抬头挺胸。

有的员工年龄不大，看起来却老气横秋，而有的人虽年岁已老，却精神饱满，朝气蓬勃。这虽然与一个人的知识修养、后天锻炼有着很大的关系，但有一点是比较重要的，那就是是否具有良好的职业态度。

(1)坐、站的姿势必须端正，不能表现出懒散的情绪。

(2)外表要干净、整齐。

(3)做事态度要积极主动，始终给人以精力旺盛的印象。

(4)每天摆出轻松、愉快的姿态。

(5)不要在办公室里嚼口香糖。

(6)讲话时不要有紧张的表情，要镇定温和。

在中华民族礼仪要求中，站有站相、坐有坐相、行有行样是对一个人行为举止最基本的要求。

良好的职业姿态能表现出员工的精神风貌。为了工作的需要，必须要有正确的立姿、坐姿和走姿。无论男女，立姿都切忌缩颈、驼背、腆肚等不良行为。良好的立姿应该是身体正直，头、颈、身躯和双腿与地面垂直，两肩放松并保持齐乎，双肩和身体两侧自然下垂，手指应自然弯曲，掌心向内轻触裤缝。站立时无精打采，耸肩勾背、下意识的小动作，都会有失仪表美。文雅的坐姿是展现风采的重要方式。端庄、大方、自然是坐姿的基本要求，尤其切忌双腿分开和跷“二郎腿”。

站立是人们生活、工作及交往中最基本的举止之一。由于从事的职业不同，久而久之，形成了各自的站立姿势。员工的站姿要有风度，要得体。

为此，员工要克服以下不良站立姿态：

(1)头部不正，出现习惯性的前伸、侧歪。

(2)缺少脊柱至头顶的上伸悬顶感，身体显得松散下坠，形成凹胸弓背撅臀等不良姿态。

(3)胸部未能自然地向前上方挺起，造成身体不够舒展。

(4)脊柱侧歪,造成一肩高、一肩低,或身体左右倾斜。

(5)肩部紧张,形成端肩缩脖。

(6)重心落在脚跟上,形成挺腹。这样不仅站立姿势不美,也是不能持久、稳固站立的主要原因。

(7)站立时,习惯性地双手叉腰,双臂抱在胸前,两手插入裤袋或身体倚靠其他物体。

(8) 如果站立过久,可以将左脚或右脚交替后撤一步,但上身仍须挺直,伸出的脚不可伸得太远,双腿不可叉开过大,变换也不能过于频繁。

(9) 站立时,如有全身不够端正、双脚叉开过大、双脚随意乱动、无精打采、自由散漫的姿势,都会被看作不雅或失礼。

坐姿包括就座的姿势和坐定的姿势入座时要轻而缓,走到座位面前转身,轻稳地坐下,不应发出嘈杂的声音。员工坐姿的要求是端庄大方。

在落座时,首先要注意自己的身高与桌子和椅子的配合是否协调。要保持脊柱正直的习惯,让自己的精神保持振作。

在坐着时应注意:

(1)坐时不要把椅面坐满,但也不要为了表示谦虚,故意坐边沿上。

①正确坐姿的深浅,应根据腿的长短和椅子的高矮来决定,一般应坐满椅面的三分之二。

②最适当的位置,应是两腿着地,膝盖弯曲成直角。

③与人交谈时,身子要适当前倾,不要一坐下来就全身靠在椅背上,显得体态松弛。

④坐沙发时,因座位较低,要注意两只脚摆放的姿势。双脚侧放或稍加叠放较为合适。不要一直前伸,注意控制自己的身体,否则身子下滑形成全身躺埋在沙发里,显得懒散。更不要把头仰到沙发背后去,把小腹挺起来。

(2)入座时,要走到座位前再转身,转身后右脚向后退半步,然后轻稳地坐下。女士若穿裙装,应把裙子下摆稍稍向前收拢一下,不要坐定后再起来整理衣服。起立时,右脚先向后收半步,然后站起。

(3)坐下后,背部要挺直,不要像骆驼一样,弯胸曲背。

①椅子如有扶手时,不要把双手平放在椅子的扶手上,好像老太婆般安详地坐着,显出老气横秋的样子。

②在与人交谈时,不要将脚跨在椅子或沙发扶手上,或架在茶几上。

无论哪一种坐姿,都要自然放松,面带微笑。

员工走姿的基本要领有:

(1)行走时双肩平稳,目光平视,下颌微收,面带微笑。

(2)手臂伸直放松,手指自然弯曲。摆动时以肩关节为轴,上臂带动前臂,双臂前后自然摆动,肘关节略弯曲,前臂不要向上甩动。

(3)上体微前倾,提髋屈大腿带动小腿向前迈。脚尖略抬,脚跟先接触地面,依靠后腿将身体重心推送到前脚脚掌,使身体前移。

(4)步幅适当。一般应该是前脚的脚跟与后腿的脚尖相距为一脚长;行走速度,一般男性每分钟108~110步;女性每分钟118~120步。

员工着西装的走姿,在仪态举止方面要体现出挺拔、优雅的风度,要注意保持后背平正。

男员工在行走时要注意的是,不要晃肩,要轻快、敏捷,给人以精明强干的印象。

女员工在行走时,髋部不要左右摆动。

①穿高跟皮鞋,应注意保持身体的平衡。由于脚跟的升高,身体的重心前移,应避免膝关节前屈、臀部向后撅的不雅形象。

②行走时步幅不要过大。不强调脚跟到脚掌的推送过程,要走柳叶步,即两脚跟前后踩在一条直线上,脚尖略外开,走出来的脚步才会像柳叶一般优美。

③穿长裙行走时要平稳,步幅可以稍大些。转动时要注意头和身体协调配合,调整好头、胸、髋三轴的角度,以达到整体的造型美。

2. 个人仪态与办公环境

办公室既是工作场所也是公共场合，工作人员要注意个人卫生的清洁，仪表要保持整洁、大方。发型要简洁，女士一般应略施淡妆。衣着朴素得体，西装、套裙等都很适宜。新潮服装、无领无袖的衣服、汗衫、牛仔装则与办公室的严肃气氛十分不谐调，穿拖鞋和赤脚穿凉鞋更是没有礼貌的表现。

在办公室里举止要庄重、文明。大声嚷嚷、指手画脚会显得你没修养、粗俗。注意保持良好的站姿和坐姿，将脚搭在办公桌上十分不雅，不要斜身倚靠办公桌，更不能坐在办公桌上面。尽量不在办公室里吃东西，尤其吃瓜子等有响声的食品。谈话时注意身体距离，1 米左右为宜，过近(尤其异性)会令对方不自在，也不要过分亲昵地拍肩搂臂。

此外，在办公室里，办公桌的面貌可以直观地反映一个员工的性格，仔细看看你的桌子，它是不是在向你的同事诉说你是一个怎样的人？更重要的是，它是不是也向你的老板汇报你的一切？或许，该是给你的办公桌美容的时候了。

(1)混乱型

桌面堆满杂志、会议记录、约会安排、没时间看的信件……你被挤到同事的位置上办公，同事给你的文件都放在椅子上，怕你看不到。

你的办公桌在说：你可能是一个有创造力的人，但你绝不可靠，很容易受到干扰，而且心思琐碎。

办公桌美容方案：不必走极端，一下子染上洁癖，只要有条理就行了，把单页的纸张放到文件夹里，市场上可以买到壁挂式或抽屉式的夹子，让你的文件分类清楚，找的时候也会容易很多，不仅美化了你的桌子，还可以节省你寻找东西的时间。另外，提醒自己每周做一次彻底的办公桌清理，把那没有用的纸张丢掉。

(2)清洁型

你的桌面上除去必要的物品外空无一物，桌子上能够看到的只有电脑、打印机和台历，而你把这些东西留在这里的唯一原因就是因为实在没有什么地方适合放它们了。

你的办公桌在说：你是一个对待工作严肃认真的人，你做事很有原则性，而且不易动摇，不过你容易给人一个不好接近、没有幽默感的印象。

办公桌美容方案：不妨试着在桌边的墙上挂一幅你的全家福，或者你可以在桌上摆放一个色彩鲜艳的台历，这些都会给你的桌子增添热情和个性，当然对你在别人心目中的形象也会有所改变。如果你能够再在桌上放一盒精美可爱的糖果，效果就更好了。

(3)快乐型

你的电话、文具和笔筒，颜色都搭配得当；你的公事清单上每件已经完成的事后面都划了一个小小的对勾；你有一个可爱的座右铭牌子放在加菲猫记事板的旁边。

你的办公桌在说：你是一个容易被人喜欢的人，非常可靠，但是比较缺乏特色，难以成为专业人才。

办公桌美容方案：把那些写着孩子气的标语的杯子都带回家去，在办公室你可以用外出旅行时买的样式奇特的东西。在明显的地方放上一本专业参考书，墙上可以挂一些有品位的艺术品.总之，你摆放的东西要能够显示出你是一个有思想的员工。

那么员工应该形成怎样的默契才能保持工作场所整洁呢？

①贴出精神标语。人总是会有忽略小事情的时候，有时明知不该做却又不经意犯了规，所以第一步可以在适当且醒目的地方贴上一些标语，提醒大家要随时随地保持工作场所整洁。共同维护环境是所有人的责任，每个人都要有这一份警觉和使命感。

②互相牵制惩戒。利用同事之间的互相督促与鞭策力量，也是一种可行的办法。如果发现自己四周的人没有做到维持整洁的工作环境，就提醒对方，这样才不会因一时忘记或怠惰违反规则，而一旦有人没有做到已规定的事项，连同旁边的人都要跟着被处罚，例如扣薪或暂时停止一些

权力等。

3. 办公室的沟通礼仪

在办公室进行沟通的时候，我们应该注意哪些礼仪习惯？最重要的一点是，你要对他人，包括你的同事、上级和下级，表现出你对他们的尊重，尊重他人的隐私，尊重他人的习惯。我们应该如何注意办公室礼仪呢？

(1)分清哪是公共的区域，哪是个人的空间。

(2)工位的整洁。在办公室中要保持你的工位整洁、美观大方，避免陈列过多的私人物品。

(3)谈话声音和距离的控制。在和他人进行电话沟通，或者是面对面沟通的时候，你的音量尽量要适当控制，两个人都能够听到就可以了，避免打扰他人工作。哪怕当电话的效果不好时也应该这样。

(4)尽量避免在办公区域用餐。有些公司员工中午是在自己的工位上进行就餐的，这不是一个良好的商务习惯。我们应该尽量避免在自己的工位上进餐。实在不能避免的情况下，尽量节省时间，或者就餐完毕之后迅速通风，以保持工作区域的空气流通。

此外，当你与他人有约，需要拜访他人办公室时，一定要准时到达。如果有紧急的事情，不得不晚，立刻通知您要见的人。如果打不了电话，请别人为您打电话通知一下。如果遇到了交通阻塞，车上有电话，要充分利用电话，通知对方要晚一点到。如果是对方要晚点到，您将要先到，要充分利用剩余的时间。例如，坐在汽车里仔细想一想，整理一下文件，或问一问接待员是否可以利用接待室在宣布到来之前休息一下。

当您到达时，告诉接待员或助理，您的名字和约见的时间，递上您的名片以便助理能通知对方。如果助理没有主动帮您脱下外套，您可以问一下放在哪里。

在等待时要安静，不要通过谈话来消磨时间，这样会打扰别人工作。尽管您已经等了二十分钟，也不要不耐烦地总看手表，您可以问助理他的上司什么时候有时间。如果您等不及那个时间，可以向助理解释一下并另约一个时间。不管您对助理的老板有多么不满，也一定要对助理有礼貌。

当您被引到经理的办公室时，如果是第一次见面应做自我介绍，如果已经认识了，只需互相问候并握手。

一般情况下对方都很忙，您要尽可能快地将谈话引入正题。清楚直接地表达您要说的事情，不要讲无关紧要的事情。说完后，让对方发表意见，并要认真地听，不要辩解或不停地打断对方讲话。你有其他意见的话，可以在他讲完之后再说。

4. 女性职业行为的礼仪提示

虽说现在早已是男女平等的社会，但在职场，职业女性需要注意的礼仪事项还是比男人多得的。以下就是我们需要提醒女性职业者的七条礼仪提示：

(1)在你离开总部之前，记住一定要和你的上司沟通，搞清楚自己的权限范围，这样你就可以当场对某些事情做出决定。因为在国外做生意，如果你总不断地说“我得先和总部汇报一下”，你的客户就可能会被激怒。而相反，如果你向客户表现出你有权做重大决定，这不仅满足了你的虚荣心而且也提高了你的身份。

(2)不要把同行对你的惊讶理解成一种失望或对你的冒犯。他们所表现的惊讶也许仅仅是惊讶而已。不要自以为你的同行对女性有偏见。

(3)要考虑到，作为女性，实际上你可能在男性占主导地位的社会中还有很大的优势呢。许多年以前，荷兰的派克笔公司曾尝试使用女销售员拨打推销电话。这些女销售员比男销售员更顺利地得到了更多的订单。无论是出于惊讶、礼貌、好奇还是出于骑士风度，毕竟女性在这方面占据了独特的优势。

(4)绝对不要做那种可能被认为是轻浮的行为。

(5)把女权主义暂时留在家中，如果你海外的男客户坚持要替你开门或坚持要餐后买单，就随他便吧。这只不过是他们几十年来的习惯反应罢了。

(6)不要轻易生气发火。要明白如果你能在这一系统内工作，会比你对抗这种系统得到的实惠更多。你的工作就是要在你所处的社会文化内完成你公司的目标。

(7)观察你周围人的礼仪方式。比如在接待行列中，要观察其他女性与人问候时是否和人握手还是只点点头而已。

最重要的，还是那句话"所有的行为都要彻底的职业化"，只要你将这句话牢记于心，那么，你在职场一般都不会有什么差错了。

此外，白领女性在办公室倘若稍不注意，就容易步入办公室雷区。那么，职业女性们应该怎样做才能避免这些问题的出现呢？下面我们以职业女性小莉的职场经历为例来说明。

(1)穿着过于性感

小莉进入公司后，向上司吴首先争取的就是"打扮自由"，由于觉得小莉能力突出，上司吴很痛快地就答应了。然而，上司吴的首肯并不等于同事的默许。

通常视觉印象往往只需在7秒钟内形成。衣着和外表也是一种交流的形式。如果一位职业女性脚穿高跟鞋，身着锻衫和迷你裙并化浓妆，那么她表示的是性挑逗而不是职业上的交流。所以要想在工作中取得成绩，女性的穿着应该符合她的身份。

建议：你不必丢弃女子的温柔气质，但也不要穿得过于招摇。你的穿着可以效仿比自己职业高一层的人。例如如果你是管理人员，那么不妨穿得像个经理。

(2)**与老板关系过密**

小莉与上司吴的关系如果是私交,便会安全得多,但在办公室里,那种“关系”便超越了上级与职员应有的关系,这是小莉的败笔。

老板永远是老板,是你的上级,千万别因为老板赏识你而得寸进尺,忽略了你们之间的距离。老板一般时候也许可以维护你,但当发生情况的时候,你一定只是他手下的一个棋子而已。

建议:与老板至少保持“一米线”的距离,尊重他、服从他。

(3)**大声说话**

打电话是件小事,但却关系到你的形象。小莉经常在办公室中大声打电话,而且眉飞色舞。在一句话末尾突然提高音调,给人的感觉好像是要提出什么问题以表现出自己对此事的不相信。办公室里打电话一定要顾及同事的感受,不可太张扬。

建议:你应该试着降低声音的结束语调,使之听上去更有权威性。

(4)**最后5分钟,管住你自己**

总算快下班了,但也还不可以松懈,虽然是“黎明前最黑暗的5分钟”,也一定要管好你自己……将近下班的时刻,仍需定下心来,将一天的工作做个妥善的总结。

建议:在最后5分钟整理备忘录。备忘录上记载了一天的工作摘要,包括当天会见的人士,新获得的名片资料等。内容多半繁杂无章,故在一天工作结束前将它整理一下。把当天的工作表检查完毕后,接着列出次日应进行的工作项目,拟订工作表,此时可参照备忘录,以防疏漏;最后整理办公桌。下班前将办公桌整理得干干净净,才算真正结束一天的工作。做好这些后,你就可以迈着轻柔的步子,轻松地下班了。

第五章　改善你的人际关系:现代员工的处世学问修炼

职场需要团结,大多数工作我们都需要与人协作才能完成。即使你能力再强,修养再好,倘若不懂得与同事和上司的相处之道,也难以成就大事。因此,在办公室内外搭建美好的人脉网,才能有如鱼得水之快感,才能体会到一个好汉三个帮的如意。

修炼十八:与上司相处的学问——借力使力更省力

1. 让上司成为你的朋友

与上司相处是否有技巧存在呢?答案是肯定的,否则,为什么有些员工在上司面前很走红,有些员工却一点也不吃香呢?实际上,这种技巧不过是讲究一些跟上司相处的方式方法罢了。

参考一些成功人士与各种上司相处的经验,定能为你在与上司相处时做到游刃有余。

(1)给上司留足面子

人人都要面子,上司的面子更比员工的值钱,因为他时刻代表着一个单位或一个部门。尊重上司已经是公司里一种不用写在制度中的规则。因此,在与上司相处时,以下几点务必注意:当上司突然来到你的办公桌前与你谈话时,你必须立即站起来回答问话,以表示对上司的恭敬;对他所询问的事情,要快速而准确地给以回答;对需要出示文件加以说明问题时,应把文件拿到上司面前查阅,要与上司站在同一方向,不要背对或面对上司。这是一个员工必须养成和遵守的习惯。

① 上司问话时要站起来

在上司问话时,你熟视无睹,继续坐在座位上,对上司的问话,不加重视,必会造成上司对你的不满。但在特殊情况下就另当别论了,如果你正在电脑上做着公司的统计表或公司的财务分析,应站起来说明你已注意到了上司的存在,然后再坐在计算机前,边演不边加以说明即可。根据不同的情况可采取不同的对应方法,不可一概而论。

②对上司要敬而近之

作为一个公司的领导,总是希望企业内部上下级之间保持一种良好的、和谐的关系。但作为上司,也希望下属对他表示尊重,服从他的领导,对他的决议能够不折不扣地执行。因此,有时他乐意与下属建立一种朋友关系或讲究哥们义气,但决不允许超越他们之间上下级的关系,这就要求员工和上司要保持一定的间隙和距离。其实上司也不愿意与下属建立太过密切的关系。因为他要考虑公司内职员的看法,要照顾每个人的情绪,重视在公司引起的影响。上下级的友谊一旦过了头,你可能会知道你不应该知道的上司的私人秘密、或不愿使人窥视的隐私,这样就有可能影响或终止上下级之间的友谊的关系。用一句话来说就是对上司要敬而近之。

员工与上司交往时要保持一定的距离。你可以与上司在业务上、信息上有一定的沟通,对他的工作作风、个人性格、习惯爱好有所了解,以便在工作中积极配合,友好相处。另外,需要与他交谈时,要注意选择时间、地点和场合。在适当的场合或他心情良好时可多谈一些工作上的设想或生活琐事。但在公开场合所谈内容要有所选择和避讳,不可不分场合地信口开河。在与上司交谈时,不要一味地重复别人的意见,要表明自己的见解,让他明白你是一位有能力有才干的人,要让他觉得你可以作为他的左右手,公司缺你不可,这才是与上司相处的根本。

(2)多看上司的长处

上司之所以能成为上司,说明他在很多方面有长处,而且在上司的位置待久了,也能站得高,看得远一些,有些见解自然要高人一筹。

对上司要多一分理解,多一点尊重,逐渐消除他对你的戒备,上司才会信任你、提拔你。那么怎样向上司表示你对他的尊重呢?

①尊重他的意见。上司有时在决策时意见不一定是对的,你不要以为上司的意见难以实行而直接反驳,最好以提供疑问的方式提醒上司做出某些修改。

②多向上司请教。尽管他在某些方面还不如你,但是处于对上司的尊重。你不妨遇事先和他商量,并且以请教的口气向他讨教。这样上司会认为你非常尊重他,并且非常重视他的存在,更重要的是你和上司的关系已经得到了改善。

③你和同事们在业余时间搞点娱乐活动,最好不要忘了邀请你的上司。不管他是否愿意参加,最起码让他感觉到下属对他的重视。通过这些活动,可以加深职员和上司之间的相互了解,既可促进大家的感情,又利于今后工作的愉快合作。

④大多数员工常常抱怨上司刻薄、心太狠,试想如果换上自己当上司,会不会也是这样呢?凡事换个位置思考一下,才能体会更深。你要放宽心胸,不要和上司斤斤计较,先学会了体谅上司,上司才会理解你,并成为你的朋友。

(3)学会尊敬和服从上司

职场之中,之所以会有上下级,也是为了保证一个团队或组织工作的正常开展。而上级考虑问题更多的要从一个团队或组织的整体角度,而很难兼顾到每一个人。上级要开展工作,是必须要掌握一定的资源和权力的。对于一个下级来讲,如何在资源允许的情况下,配合上级共同完成团队或组织和自己的工作是首先要考虑的。在一个团队或组织中,下级尊敬和服从上级也是确保一个团队或组织能够完成目标的重要条件。但是如果作为员工,不能站在团队或组织的高度来思考问题,而只是站在自己的角度去处处找上级的麻烦,甚至恃才傲物,对上级横挑鼻子竖挑眼,不服从管理,那么这样的一个员工将很难在一个团队或组织里生存,更不要谈发展。

(4)及时与领导沟通

如果你的工作暂时还不能达到上级的要求,一定要及时和上级进行沟通,要让他知道你的工作进度以及努力方向。

在实际工作中,有的工作需要一定的时间来保证,可能在一定时期内你的工作还没有让别人看到显著成绩。这时不要和你的上级距离太远,你要创造一定的条件去和他进行沟通,让他知道你是在努力工作,并要让他知道你的工作进度和计划以及就要取得的成绩。如果你这样做了,上级一般不会去责备你,而且他还会利用他所掌握的资源给你提供一些帮助和给你提供一些建议,这样就会加快你工作的进度,使你提前取得工作成绩。

但是在现实生活中，有的职场新手甚至老手最容易犯的错误就是，越是没有成绩，越是不愿去找上级沟通，认为自己没有成绩去找上级沟通没有面子，对上级采取敬而远之的态度。但是这样做的风险是很大的，因为你没有成绩，上级本身就不会太满意，甚至会对你的工作能力产生怀疑，而且由于他不了解你的工作状况和进度，还有可能导致上级认为你并没有努力工作。时间一长，你就可能进入上级要进行淘汰的目标名单。每次被淘汰的员工名单中，并不全是那些工作成绩最差的，但不会主动找上级沟通的会占很大比例的。有的员工认为自己被淘汰的原因就在于上级不公平、不公正，是因为上级在拉帮结派、玩弄权术的想法最起码是不全面的，如果自己不能找到自己被淘汰的真正原因，即便到了其他工作单位还容易犯同样的错误。

(5)成就上司从而成就自己

由于工作使大家走到了一起，所谓同事首先就是一种合作关系。而如何和上司合作好，对任何一个身在职场之中的人都是极其重要的。尤其上司手中所掌握的资源和影响力对一个人在职场的发展都会起到至关重要的作用。

通过对那些在职场上能够快速发展的人分析后发现，这些人无疑都是善于和上级进行合作的。他们在做好自己本职工作的同时，都会积极去帮助上级去分担一些工作，替上司去排忧解难。时间一长，上司就会把一些更多的锻炼机会提供给他们，而且愿意喜欢去培养他们，把自己的一些真经传授给他们，另外由于能够替上司去分担工作，他们自己就会逐步熟悉上司的工作内容和技巧，而这些都往往是一个人能够得到快速发展的重要条件。

当上司由于工作出色得到进一步提升时，他首先会考虑把能够升迁的机会提供和推荐给他们。

而且在一个团队中，那些善于和上司合作的职场人士，一般来讲都会威信比较高，工作起来阻力就会小，也更容易得到自己上司的上级和同事们的肯定和重视。

对于那些想在职场快速发展的人士来讲，成就上司从而成就自己绝对是一条重要的原则。当你在为上司偏心而抱怨时,是否该认真反思一下自己遵循了这个原则。机会有时真的不是从天而降的,更多时候是要靠自己去争取和努力的。

2.赢得上司最佳印象

跻身一个企业,员工应根据自己的能力大小而确定适合自己的位置。为了保证组织的正常运营,每个人都必须从各自的位置要求出发来规范自身的行为。或者说,这个位置是我们做人做事的基本出发点。环顾一下自己的周围,凡是成长、发展较为顺利的人,大都是那些角色意识明确、能够较好地摆正自己的位置、认真遵守相应的行为规范的人,我们尊重和遵从的不是哪一个人,而是他们所处的职位,换句话说,是上司的那把椅子,无论谁坐在上边,都应让我们遵从。

从自己的角色位置出发,正确地认识自己,选定前进的方向、奋斗的目标,精心设计自己的形象,恰当地选择自己的言论、行为,不错位,不走样,不偏激,不过分,可以说是一种身心的调整、人格的修炼,它影响、决定着自己的成熟、成长。许多把握不好这一分寸的人,往往会受到现实无情的惩罚。然而一经得道,你就会大受上司的赏识。

你遇到过如下问题吗:自己整天忙忙碌碌,跑前跑后,可是就没人注意到你;自认为工作能力强,经常有创意,可总是得不到老板赏识。是什么原因导致了这种情况发生呢?应该如何改变这种状况呢?以下的几点建议肯定会有助于你。

(1)苦中求乐

不管你接受的工作多么艰巨,即使鞠躬尽瘁也要做好,千万别表现出你做不来或不知从何入手的样子。

(2)勇于承担压力与责任

社会在发展,公司在成长,个人的职责范围也随之扩大。不要总是以“这不是我分内的工作”为由来逃避责任。当额外的工作指派到你头上时，不妨视之为一种机遇。

(3)提前上班

别以为没人注意到你的出勤情况，上司可全都是睁大眼睛在瞧着呢！如果能提早一点到公司，就显得你很重视这份工作。每天提前一点到达，可以对一天的工作做个规划，当别人还在考虑当天该做什么时，你已经走在别人前面了。

(4)善于学习

要想成为一个成功的人，树立终生的学习观是必要的。既要学习专业知识，也要不断拓宽自己的知识面，往往一些看似无关的知识会对自己的工作起到巨大的作用。

(5)说话谨慎

工作中的机密必须守口如瓶。

(6)反应要快

上司的时间比你的时间宝贵，不管他临时指派了什么工作给你，都比你手头上的工作来得重要，接到任务后要迅速准确及时完成，反应敏捷给上司的印象是金钱买不到的。

(7)保持冷静

面对任何困境都能处之泰然的人，一开始就取得了优势。老板和客户不仅钦佩那些面对危机声色不变的人，更欣赏能妥善解决问题的人。

(8)切勿对未来预期太乐观

千万别期盼所有的事情都会照你的计划发展。相反，你得时时为要有产生的错误做准备。

3.在上司面前表现的艺术

事实胜于雄辩，行动胜过语言。人生难得机遇，在上司面前，更不能错过表现自己的好机会。

(1)挺身而出

常言道:“疾风知劲草,烈火见真金。”在关键时刻,上司才会真切地认识与了解部下。当某项工作陷入困境时,你若能挺身而出定会让上司格外器重你。当上司本人在思想、感情或生活上出现问题时,你若能妙语劝慰,也会令其格外感激。此时,切忌冷漠无助,畏首畏尾,胆怯懦弱。这样,上司便会认为你是一个无知无识、无情无能的平庸之辈。

(2)精明强干

上司一般都很赏识聪明、机灵、有头脑、有创造性的下属,这样的人往往能出色地完成任务。有能力做好本职工作是使领导满意的前提。一旦被人认为是无能无识之辈便很危险了。

(3)不争功劳

中国人在讲自己的成绩时,往往会先说一段客套词:成绩的取得,是领导和同志们帮助的结果。这种套话虽然乏味得很,却有很大的妙用,显得你谦虚谨慎,从而减少他人的忌恨。越是好东西,越是舍不得给别人,这是人之常情。要是你有远大抱负,就不要斤斤计较眼前成绩的取得究竟你占有多少份,而应大大方方地把功劳分给你身边的人,特别是分给你的上司。这样,做了一件事,你感到喜悦,上司脸上也光彩,少不了再给你更多的机会。如果你只会打眼前算盘,急功近利,则会得罪身边的人,上司也会认为你是一个功利心重的人,那将来一定会吃亏。

(4)善举无声

比如说把自己的一些功劳悄悄地让给上司。不过,对上司让功一事切不可到处宣传,如果你不能做到这一点,倒不如不让功的好。对于让功的事自我宣传总有些邀功请赏,不尊重上司的味道,千万使不得,最好由被让者来宣传。虽然这样做有点埋没了你的才华,但你的同事和上司总会还给你这笔人情债,给你一份奖励。因此,做善事就要做到底,不要让人觉得你让功让得虚伪。

(5)勇担责任

上司在工作中出现失误,千万不要幸灾乐祸或冷眼旁观,这会令他极为寒心。能分担责任就分担责任,不能分担责任可帮他分析原因,为其开脱。此外，还要帮助他总结教训，多加劝慰。指责、嘲讽的态度更易把关系搞僵。那样，你就再不要指望上司赏识你了。

(6)不发牢骚

不要在私下发领导的牢骚。须知“隔墙有耳”，打小报告的人正在寻找材料好去告密，你的议论为他的拍马屁正好提供了时机。倘若把你的话添枝加叶，传到上司的耳朵里，你辛勤工作的成绩，可能会因几句牢骚话而抵消殆尽。

此外，在与上司的交谈过程中，员工也需要把握一定的技巧。为人正派，说话得体，办事利落，上司更易于接受你、喜欢你。否则，不分场合、不知深浅、不懂分寸，工作做得再好也不一定得到领导的喜欢。

(1)不可锋芒毕露

君子藏器于身，相时而动。你的聪明才智不要在上司面前故意显示出来。否则，上司会因此而认为你是一个自大狂，恃才傲物，盛气凌人，而在心理上觉得难以相处，彼此间缺乏一种默契。与上司交谈，须遵循两个原则：

一是寻找自然、活泼的话题，令他充分地发表意见，你适当地作些补充，提一些问题。这样，他便自然而然地认识了你的能力和价值。

二是不要用上司不懂的技术性较强的术语与之交谈。这样，他会觉得你是故意难为他；也可能觉得你在卖弄自己的才干并对他的职务构成威胁；还可能把你看成只会玩弄专业术语的书呆子，不信任你的实际能力。

(2)多赞扬、欣赏上司

赞扬不等于奉承，欣赏不等于谄媚。赞扬与欣赏上司的某个特点，意味着肯定这个特点。只要是长处，对集体有利，你可以坦率地表现你的赞美之情。领导也是人，也需要从别人的评价中了解自己的价值。受到称赞时，他的自尊心会得到满足并对称赞者产生好感，如果得知下属在背后称赞自己，还会加倍喜欢称赞者。下属喜欢上司，上司自然也喜欢下属，这是交际吸引中相悦作用的结果。

(3)提建议要讲究策略提建议时,多注意从正面有理有据地阐述你的见解。有民主要求,不如有民主素质,即要懂得尊重他人意见,尊重领导意见,这样,他才会承认你的才干。提建议的方式要因人而异。对领导个人的工作提建议时,尽可能谨慎一些,必须仔细研究上司的特点,研究他喜欢用什么方式接受下属的意见。大咧咧的领导可用玩笑建议法,严肃的领导可用书面建议法,自尊心强的领导可用个别 建议法,喜赞扬的领导可用寓建议于褒奖之中等。

(4)不要当面顶撞上司

批评上司时,必须照顾其面子,不要令人下不了台。进谏的方式很多,如动情法,寓规劝于褒奖之中,比喻法,等等。

4.对待不同上司的技巧

一般而言,你的上司也是为了工作才与你走到一起来的。上司属于何种性格对于你的性格并无多大的妨碍。但你不能企望上司来适应你的性格特点,你应该努力适应上司的风格和脾性。要学会在不同上司的手下工作,这对于你将来的发展和提高人际关系的能力都是大有好处的。

(1)与土上司相处:让他找到“领袖”的感觉

“老板族”、“白领阶层”、“打工仔”成为时尚,更多的人踏上了为上司打工的征程。当你进入某些企业,遇到那种土生土长、没有高学历的上司是不是会有一种有理讲不清的感觉?这种老板从改革开放以后即已开始萌生,靠实力发展壮大,在老板族中占有相当的数量。

在众多的土上司中,有相当一部分是很优秀的。但也有一些土上司爱走极端,易感情用事,甚至以“皇帝”自居,随心所欲。

由于土上司知识欠缺,文化程度较低,对现代商业经济的知识了解得比较少,因此中国式传统的管理方式尤其明显,主要表现在:

①具有强烈的家族观念。家族观念在我国根深蒂固,由家族组成的企业或公司不在少数。这种企业的上司一般不信任别人,而重用自己的亲属,担当公司重要职务,他认为自家人最可靠。

②容易感情用事。土上司的文化背景,决定了他对事情的处理缺乏全面的分析、考虑,单凭自己的主观臆测、一时的冲动,草率行事,往往是事后才知道后悔。

③土上司不按规章管理。土上司对公司制度的规定不像大型企业、合资企业那样重视,即使制定了规章制度,也会根据自己的意愿随时随地进行更改。这样的土上司需要逐渐走上正轨管理的道路。

基于员工的特殊身份,决定了他们的思想观念、思维方式及管理方法等,与其他类型的上司有着很大的差别。

有些员工看不起土上司,认为他们学识不高,修养欠佳。这种看法是错误的。因为绝大多数土上司是比较注意自己的言行举止的。也许你现在的领导正是这样一位土上司,面对这样的上司,你一定要抑制自己的偏见,以客观的而不是想当然的观点来分析观察,根据事实对他作出评判,以达到和土上司的沟通,并和他建立良好的关系。

土上司欠缺的只是文化水平,但是他们有一定的业务水平和工作能力,他们渴求知识,但他们更希望得到下属的尊重。一般情况下,土上司都是完全靠自己艰苦奋斗创下一番事业的。他们没能进入高等学府深造,理论知识方面比较缺乏,因此,他们最担心的就是下属,特别是"喝过"几年墨水的下属看不起自己。由于这一心理,使得上司对有文化下属的一言一行非常敏感。他们对于尊重的渴求似乎更多、更迫切。即使你有一点不尊重他的意思,也能使他感觉到。假如他感到某位下属不尊重他,那他就不会再对其有好感,甚至有可能采取很强硬的态度。因此,作为这种上司的下属,你应该把你的想法和建议以请教的方式向他汇报,这样做既满足了土上司自尊的心理,又让他觉得你是一个非常尊重他的人。

(2)与工作狂型的上司相处:以工作对工作

工作狂型的上司,具有这种性格的上司认为工作就是生命的全部。

他们希望员工们天天超时工作，甚至周日、节假日也要加班工作。如果你遇到这种上司，也不要太悲观，只要认真努力地工作，处处小心行事，就可以取得上司的信任。

假如上司把一周的工作量交给你，并限定三日之内完成。这时你不必着急，静下心来，分析一下这项任务的工作量和工作程序。你需要马上预备一份计划书，把你的想法告诉上司，不要让他感到你有逃避的迹象。有可能的话，把一些比较简单的工作交给临时员工来做，这样既有利于工作的完成，你的负担也可以减轻。

要想让你的上司重视你的建议，你不妨耐着性子，作出让步，在环境轻松的情况下，委婉地提出你的看法，让上司明白你是为了公司的利益，对公司存在的问题，你有责任去主动关心。

(3)与不同年龄的上司相处：因“龄”制宜

做好一名普通职员，在与上司交往时，除对上司习惯、爱好、兴趣等方面有一个基本的了解外，还应该对上司与自己的年龄差别，有一个清醒的认识。准确地把握好年龄差别这个“度”，因“龄”而宜，适“度”交往。这样才能交往得体，感觉恰好，效果明显。

①长辈上司宜“尊重”

如果你的上司在年龄上属于自己的长辈，那么你在与上司交往中一定要尊重对方。态度要诚恳，语言要谦虚，举动要恭敬。切不可不拘小节或出言不逊，态度粗暴。当然与任何人交往都应该具备这些品德，但是与长辈上司交往尤其显得重要。因为你的上司，从年龄上说，是你的长辈；从职务上说，是你的上司。这种双重身份就要求你在交往中一定要多为对方着想。上司作为长辈，年龄比你大出许多，人生阅历也远比你丰富，你应该虚心向长辈学习；从职务上说，你被上司领导，上司对任何一件事情的处理，一般说来大都是出于全盘考虑，从大局出发，绝不会单纯考虑某人某事。所以，上司的决策大都是符合客观和长远利益的。因此，在与上司交往中，如遇与你个人利益相悖的情况，一定要慎重对待，善解人意，尊重对方，切不可鲁莽行事，以致招来不应有的是非。

②平辈上司宜“亲近”

你与上司若为平辈，那么在与上司交往时则应更多地表现为“亲近”。一般来说，平辈之间有一种天然的“黏合力”也就是人们常说的平辈之间没有“代沟”。由于年龄相当，所以在许多方面有相同或相似的看法。与上司“套近乎”可从多方面入手，比如对工作中的某事或某个问题，则可以直抒己见，开门见山。大有以朋友的身份出现的姿态，以增加亲近感。在闲暇交往时，则可以谈吐轻松随便，幽默诙谐，甚至可以调侃，这样，久而久之，互相之间便会更加了解、贴近。当然，我们开玩笑、“套近乎”，也要注意场合和对方的承受能力，切不可失去分寸。

③ 晚辈上司宜“关心”

上司在年龄上若属于你的晚辈，那么你应对上司更多地表现出一个长辈对晚辈工作和生活的关心和支持。这样，上司就会感到你的信任，人际关系就会融洽起来，与晚辈上司交往，首先是长辈与晚辈的交往，其次是上司与下属的交往。因此一般情况下，应该主动对上司的工作多询问，生活上多体贴。如果自己工作中有一些好的想法和措施，要及时反映给上司；自己工作中积累的经验教训，也有必要提供给上司；对于上司工作中的问题也应诚恳热情地指出。这样既增加了上司的工作信心，又鼓励了上司大胆工作，不要为一点小挫折而动摇。这样，上司自然会对你有好感。晚辈上司对长辈职员，一般都比较尊重，说话做事都注意分寸。而作为长辈职员，应该谦虚谨慎，不能居功自傲，以老资格自居，只想上司对自己如何如何好，而不想自己为工作做了些什么，更不应该成为上司的老大难，让上司头痛。否则，双方关系就难以协调。

5. 与上司相处的“雷区”

“一着不慎满盘输”，与上司相处如果发现某种闪失，可能就自毁前程。员工与上司之间有许多不能碰撞的地带，是易爆的“雷区”，员工一定要绕之而行。

(1)与上司相处不能“傲”

不管在哪家公司,哪家企业,也无论在什么情况下,“傲”是员工与上司和谐相处的最大障碍。

傲气是一个人不成熟的表现,会让上司感到下级不尊重自己,不服从上司;傲,便容易冒犯上司,使上司面子难堪,下不了台,不利于下级与上司处理好关系。同时,上司的不支持还会使下级搞不好自己的业务,毕竟搞好业务是需要多方面的配合和支持的,如财力、人力方面的供应;毕竟下级要专心搞业务还需要无后顾之忧,如拥有住房、子女就业,等等。所以,傲,只会使下级自讨苦吃。

下属员工最可贵的品质便是谦虚平和,如果他能将此与其在业务上的才华相互配合,必定能做出一番事业,更会受到上司和同事的欢迎。

去掉傲气并不会减少员工一份知识、一分才干,而只会提高自己的身价,使上司感到舒心,使自己更受尊重。

谦逊也不会损害下级的人格尊严,正如国画大师徐悲鸿所言:“人不可有傲心,但不可无傲骨。”谦逊并不会妨碍下属保持自己思想和操守的独立性,相反,它会使你更加进步,使你品德更加完善。

去掉傲气还会增长你的才干。古人说:满招损,谦受益。正是这个道理。谦虚不仅仅是一种表面上的姿态,更应是一种内在的真实感受,只有这样,上司才会认为你并不虚伪,可以信任;也只有这样,你才能在专业领域更进一步,取得更大的成绩,从而更增强你自身的实力,提高你在上司心目中的地位。这样,无论是哪一个上司上台,你都因有牢靠的资本而无须担忧了。

(2)与上司相处不能“显”

“显”是一种性格上的缺陷,它会导致员工在不经意中冲撞或得罪上司。

比如,有些员工直言快语,肚子里放不住几句话,发现上司的疏漏就沉不住气。一公司召开年终总结大会,经理讲话时出了个错,他说道:“今年我公司利润持续上升,到现在已经创利230万元……”话音未落,一个下属站起来,冲着台上正讲得眉飞色舞的经理高声纠正道:“讲错了!讲错了！那是年中的数字，现在已达到 430 万元……”结果全场哗然，把经理羞得面红耳赤，情绪顿时低落下来，他的面子顿时被这一句突如其来的话丢得干干净净。同时，这个员工在上司那里的印象可想而知，因此，与上司相处千万不能“显”。

尤其是在公开或正式场合，一些员工心目中的“上司意识”淡薄了，一遇正规场合就可能伤害上司的尊严。因此，我们在与上司相处时，一定不要冲撞了上司。

①不要背后表示不满

即便是对上司不满，也不要当面发泄，更不能在背后乱嘀咕，有意诋毁上司的名誉，揭上司的“家底”，殊不知“纸里藏不住火”。没有不透风的墙，被上司知道没有任何好处。

②不要耍弄上司

能力越差的上司越怕下属看不起自己。有些人经常哪壶不开提哪壶，有意制造机会让上司“丢人现眼”，以此捉弄上司。

得罪上司与得罪同事不一样，轻者会被上司批评或者大骂一番；遇上素质不高、心胸狭窄的上司，可能会对你打击报复，暗地里给你穿小鞋，甚至会长期压制你的发展。杨雄在《法言·修身》中谈到“四轻”的危害时讲：言轻则招忧，行轻则招辜。从与上司相处的角度讲，不慎言笃行，一旦冲撞了上司的面子，就可能导致不幸，影响你的进步和发展。

③不要与上司争论

上司并不总是正确的，但与上司争论一定要讲究场合和方法没有必要凡事都与上司争个孰是孰非，得让人处且让人，给上司台阶下，维护上司的面子，这是下属在场面上的起码礼节。

④不要给上司当众纠错

谁都会犯错，如果上司的错误不明显，其他人也没发现，不如“装聋作哑”。如果上司的错误明显，确有纠正的必要，最好寻找一种能使上司意识到而不让其他人发现的方式纠正，让人感觉上司自己发现了错误而不是下属指出的，一个眼神、一个手势甚至一声咳嗽都可能解决问题。

⑤不要让上司感到不如你

上司当然不希望在下属面前自惭形秽,然而事实却经常与他开玩笑。工作中他会时时发现下属在某些方面有杰出表现。但这些“杰出表现”只能跟同事比,不能跟上司比。否则,很可能会使上司大没面子。这样的下属不是聪明的下属。

⑥不要冲撞上司的喜好和忌讳

喜好和忌讳是多年养成的心理习惯,有些人就不尊重上司的这些方面。有位朋友经常碰到一位处长躲在厕所里抽烟,经了解得知,这位处长手下有四个女下属,她们一致反对处长在办公室抽烟,结果处长无处藏身,只好躲到厕所里过把瘾。他的心里当然不舒服,不到一年,四个女下属换走了三个。

(3)与上司相处不能“奸”

员工要依靠才能而不是心计来获得上司的信赖。心计用多了,就会给人留下一个“奸”的印象,人人都敬而远之,上司也不例外。只有才能过人,才会使上司更加倚重你;工于心计,只会使上司对你加以防范。

有的员工不愿意下苦功增长自己的才干,而是一门心思地想通过投机取巧的办法来达到目的。这种人的做法有时是很有效的,但决不是什么立身根本,也非处世正道。从短期看,工于心计者可能达到某些目的,但从长远看,实在舍本逐末,聪明反被聪明误。所以,我们要奉劝做员工的人,一定要把精力放在增长才干而不是经营心计上,只有这样,你才能长久、稳固地获得上司的信任。

这其实涉及到上司的用人标准和员工的职能问题。

大凡上司用人,都是以才作为最重要的衡量标准的,如果德行也好,仁义礼智信五者兼备,那就更好;如果品德上有污点,是坚决不可以予以任用的。虽然我国长期以来形成的用人标准是:“德才兼备,以德为先”,但是对“才”也是给以很高重视的。所以,作为一个员工,除了要有良好的品行外就要注意增长自己的才干。

才干是做员工的基本,如果你不能胜任本职工作,难以完成各项任务,办起事来,丢三落四,拖拖拉拉;传个话,天南海北,走弦跑调;写个材料,词不达意,文理不通;出个主意,云里雾里,不得要领。这样的事多了,又怎么能搞好关系呢!

上司们是很看重下级的才华的,但对于工于心计者却甚是警惕。所谓心计,就是通常人们所说的心里另有主意,另有算盘,而且深藏不露,不现于声色,不显于言行;但是,每一举动却又都是处处心积虑,意味深长。这种人是很可怕的,故历来为上司所防范,所厌恶,因为这种人不诚实、不清澈,深不见底,常令人与各种阴谋诡计联系在一起。

但是,这并不是说做员工的就应该胸无城府,不讲究场合、不讲究分寸、不要随机应变地处理问题,我们只是想说,在才干和心计两者的地位上,我们要更注重前者,要以才干为本,心计要有,但不宜太过。

6. 与上司相处的难题

给别人做下属是我们进入职业生涯的第一步,这一步走不好的人,以后的道路可能就会布满泥泞,可能就会遇到一连串的坎坷。世人早有"头三脚难踢"之说,这"头三脚"其实就是职业生涯如何开个好头的意思。但一般人以为这"头三脚"所踢的无非是如何打开工作局面问题,其实这种理解是非常片面的,除了工作局面,它还包括如何搞好上下级关系和同事关系,如何在单位和社会上有个好人缘等一系列影响。这一切都左右和掣肘着我们的前途。

或许你暂时还是单位或部门的"普通一兵",但人人都知道"不愿当将军的士兵,不是好士兵"。要想当"将军",就必须为日后的晋升和高就创造条件,打好基础,而且这段时间不一定很短,也许三冬六夏,也许十年八载,没有耐心的人,可能就会因为急于求成而乱了方寸,毁了前程。所以,要想将来出人头地,就必须在平时注意把握分寸,做到干工作得体,办事情圆通,处关系和顺。这样才能为以后的晋升和发展奠定坚实的基础。而影响一个人晋升和发展的最重要的关系就是与领导的关系。领导充当的是"识人"和"用人"的伯乐角色,得罪了伯乐也就自毁了前程。

(1)胳膊扭不过大腿

得罪领导和得罪同事、朋友不一样,是需要小心避免的。要捧场有术,就应该了解哪些地方的土是"太岁"头上的。你若不知规矩,轻者被领导批评或大骂,遇上素质不高、心胸狭窄的人,更会暗地里给"穿小鞋",甚至长时间被打入"冷宫",职位纹丝不动。有些年轻人不肯捧人,第一是误认为捧人就是谄媚,有损自己的人格;第二是自视清高,觉得一般人都比不上他;第三是怕别人胜过了自己,弄得相形见绌。但我们必须彻底摒弃这种不健全的心理,用心研究如何捧人的方法,才能领略到其中的好处,须知"胳膊扭不过大腿"。

(2)对上司手下留情

即使在非工作场合,也不能把领导当一般人看,别让他失了面子。面子和尊严之所以如此重要,根本原因在于他们与领导的能力、水平、权威性密切挂钩。一位牌技不高的科长在同下属打扑克时,常因输得一败涂地而对玩牌的人破口大骂,很明显地暴露出对下属不能"手下留情"的不满。

(3) 懂得尊敬和服从上司

上司的能力可能比不上你,优点可能也不多,但他毕竟领导着你,所以你应该拥戴他,并听从他的指挥。人都有一种不服从人的心理,但对于比自己强的人还是要服从的,所以你就应寻找上司身上的优点,这样接受对他的服从更自然。上司也许在起初对你没有一点好感,但你经常用行动表示你敬重他、服从他,时间久了他会对你改变印象的。

总之,你应抛弃那种以服从他人为辱的心理,认识到服从上司的必要性。

那么,如果在你小心小心再小心之后还是不小心得罪了你的上司,你该怎么办呢?不管谁是谁非,得罪上司无论从哪个角度来说都不是件好事,只要你没想调离或辞职,就不可陷入僵局,以下几种对策可为你留有回旋的余地:

第一,不要寄希望于别人的理解。如果失误在于上司,同事对此不好表态,假如是你自己造成的,他们也不忍心再说你的不是,更有居心不良的人会添枝加叶后反馈到上司那儿,加深你与上司之间的裂痕。所以最好的办法是自己清醒地找准问题的症结,找出合适的解决方式,使自己与上司的关系重新有一个良好的开始。

第二,找个合适的机会沟通。消除你与上司之间的隔阂是很有必要的,最好自己主动伸出“橄榄枝”。如果是你错了,你就要有认错的勇气,向上司作解释,表明自己会以此为鉴,希望继续得到上司的关心。假若是上司的原因,可以在较为宽松合适的时候,以婉转的方式,把自己的想法与对方沟通一下,你也可以以自己的一时冲动或是方式还欠周到等原因,请上司谅解,这样既可达到相互沟通的目的,又可以替其提供一个体面的台阶下,有益于恢复你与上司之间的良好关系。

第三,利用一些轻松的场合表示对他的尊重。即使是开朗的上司也很注重自己的权威,都希望得到下属的尊重,所以当你与上司发生冲突后,你不妨在一些轻松的场合比如会餐、联谊活动上,向上司问个好,敬杯酒,表示你对对方的尊重,上司会记在心里,排除或是淡化对你的敌意,而且这也同时向人们展示你的修养和风度。

修炼十九:与同事相处的学问——同事距离有多远

1. 别在公司犯众怒

现代企业越来越多地注重职员的团队精神。市场竞争需要内部员工的工作更加协调一致,企业的发展也需要员工之间的配合更加默契。

同事关系实际上已经构成了工作关系,我们在工作中,一定要把握好同事之间的关系,既不能太好,也不能太差,如果关系太近,会让上司误认为你在搞小帮派、小团体。如果与同事之间关系太远,也会被人认为你孤僻、不合群。那么怎样做才是最合适的?

同事之间的关系是协作关系，同事之间协作的程度很难把握在远与近之间、深与浅之间、热情与冷淡之间究竟怎样做才是对的，怎样做才是错的。我们为员工提供了以下可以遵循的几项基本原则：

与同事相处的第一步便是平等。不管你是资深一等的职场老职员，还是新近就职的新员工，都需要丢掉不平等的关系，无论是心存自大或心存自卑都是同事间相处的大忌。和谐的同事关系对你的工作有很大的好处，同事是工作中的伙伴，也可以成为生活中的朋友。但面对共同的工作，尤其是遇到晋升、加薪等问题时，同事间的关系就会变得尤为脆弱。此时，你应该抛开杂念，专心致志投入到工作中去，不耍手段、不玩计谋，但决不放弃与同事公平竞争的机会。

同事之间在一起工作时间长了，必然会产生一些摩擦、争执和各种矛盾。作为一名有智商的职员，应该懂得如何避免这种矛盾，学会怎样使竞争变得对自己有利，这就需要员工之间要保持一个合适的距离，既不可生疏，又要合群。

在一个公司里，得罪一两个人或许是不可避免的，但是千万记住不要犯了众怒，人人得而诛之的滋味是工作缺少技巧的表现。

有许多员工常常以很“公正”很“原则”的姿态出现，在为公司“效力”时，不惜为此得罪大多数人。这是愚蠢的，同时也是无效的。虽然说真理往往掌握在少数人手里，但少数人为了维护真理需要付出代价，你觉得合算吗？何况，在企业的管理过程中，如果这个制度不适合大多数人，或“犯了众怒”，那管理本身就有问题。

在“摸着石头过河”的过程中，执行管理的人无疑成了制度的殉葬品。而“犯众怒”的人，上司也不会久用。他可能一时认为你很“原则”，为他得罪人，但当他发现你已经引起“众怒”，给他带来无尽无休的麻烦时，他不得不考虑是维护你一个，还是向众人让步。因此，很可能把你推出来当“替罪羊”。

是否“犯众怒”虽不是员工检验自己正确与否的标准，但犯了众怒，没有好下场却是一条真理。

另外一些人“犯众怒”则完全是出于一种有所倚仗。他们平时与上司关系密切,也经常得到上司的赏识和支持,便错误地认为上司会在任何情况下都站在他那一边。他们或为了炫耀自己一人之下、万人之上的特殊身份,不把同事放在眼里;或为了“拍马屁”,表示对上司的“忠心”有意苛刻大家。可是,这些同样都犯了常识性的错误。

2.少说多做最可靠

在同事面前,不该说的不要说,特别是涉及到单位别的同事、工作任务或看不惯的现象,不要发牢骚。说多了会引起别人的反感。最稳妥的办法是少说多做,用行动来表达自己的观点。比如:你看不惯同事总迟到,如果你善意地提醒他注意准时上班,他或许认为你多管闲事,倒不如你每天提早 10 分钟上班,把卫生打扫干净、整理好材料,几天下来,你无声的批评会令他汗颜的。

法国哲学家罗西法古说:“如果你要得到仇人,就表现得比你的朋友优越;如果你要得到朋友,就要让你的朋友表现得比你优越。”当我们让朋友表现得比他们还优越时,他们就会有一种得到肯定的感觉;但是当我们表现得比他们还优越时,他们就会产生一种自卑感,甚至对我们产生敌视情绪。因为谁都在自觉不自觉地强烈维护着自己的形象和尊严,如果有人对他过分地显示出高人一等的优越感,那么无形之中是对他自尊的一种挑战与轻视,同时排斥心理乃至敌视情绪也就会应运而生。

日常工作中不难发现这样的同事,他们虽思路敏捷,口若悬河,但刚说几句就令人感到狂妄,所以别人很难与他苟同。这种人多数都是因为太爱表现自己,总想让别人知道自己很有能力,处处想显示自己的优越感,以为这样才能获得他人的敬佩和认可,其实结果只会在同事中失掉威信。

在这个世界上,那些谦虚豁达的人总能赢得更多的知己,那些妄自尊大、小看别人、高看自己的人总是令别人反感,最终在交往中使自己到处碰壁。

何先生是一位很有人缘的骨干，在他刚到人事局时，在同事中几乎一个朋友都没有。因为他正春风得意，有多少人找他帮忙，哪个几乎记不清名字的人昨天又硬是给他送了礼，等等，同事们听了不仅不欣赏，而且还极不高兴。后来经当了多年领导的老父亲点拨，才意识到自己的毛病。从此以后便很少谈自己而多听同事说话，因为他们也有很多事情要吹嘘，远比听别人吹嘘更令他们兴奋。后来，每当他与同事闲聊，总是先请对方滔滔不绝地表现自己，只有在对方停下来问他的时候，才很谦虚地说一下自己的情况。

老子曾说："良贾深藏若虚，君子盛德貌若愚。"说的是商人总是隐藏其宝物，君子品德高尚，而外貌却显得愚笨。这句话告诉我们，要敛其锋芒，收其锐气，千万不要不分场合地将自己的才能让人一览无余。你的长处短处被同事看透，就很容易被他们支配。

另外，还要谦虚一些。谦虚的人往往能得到别人的信赖，因为谦虚，别人才不会认为你对他有威胁，这样你就会赢得别人的尊重，更好地与同事建立关系。

所以，对自己要轻描淡写，要学会谦虚，只有这样，我们才会永远受到别人的欢迎。为此，卡耐基曾有过一番妙论："你有什么可以值得炫耀的吗？你知道是什么原因使你没有成为白痴的吗？其实不是什么了不起的东西，只不过是你甲状腺中的碘而已，价值并不高，才五分钱。如果别人割开你颈部的甲状腺，取出一点点的碘，你就变成了一个白痴。在药房中五分钱就可以买到这些碘，这就是使你没有住在疯人院的东西——价值五分钱的东西，有什么好谈的呢？"

3. 巧妙化解与同事间的矛盾

一般而言，与同事有点小摩擦、小隔阂，也是很正常的事。但千万不要把这种"小不快"演变成"大对立"，甚至成为"一山容不了二虎"的敌对关系。殊不知在“小不快”的时候还可以在一起合作和共事，但在产生“大对立”以后，连在一起共事也做不到了。所以，为了不要在同事中树敌，必须把握好以下几点：

(1)从批评中寻找积极成分。如果同事对你的错误大加抨击，即使带有强烈的感情色彩，也不要与之争论不休，而是从积极方面来理解他的抨击。这样，不但对你改正错误有帮助，也避免了语言敌对场面的出现。

(2)关心别人的成就。关心同事的成绩，是化敌为友的纽带。对别人的行动和成就表示真正的关心，是一种表达尊重与欣赏的方式。如果同事喜欢夸耀一下自己与工作无关的成就，你就表示关切与祝贺，就会赢得他的好感。

(3)不要理会威胁。威胁性的话，如“你以为你是谁”、“你连最基本的常识都不懂吗?”等一类，都是为了挑衅找由头，是导火索而已，如果你按捺不住气恼，势必是相互破口大骂或大打出手，如果不予理会，就等于不给别人破口大骂的机会，减少他表示强烈敌意的可能性。

(4)让同事知道你“倚重”他。每个人都希望自己很有“分量”，适时地表达对方在你心目中的“分量”，抬高他的地位，满足他的自尊，就可以避免一些矛盾激化，尽可能减少或消除将来的敌对怨恨。

(5)对同事的意见很“在意”。当同事对你很郑重地表达某种意见时，听完之后，不妨扼要重复他的观点，表明你很“在意”他提出的观点。还可在以后的工作中在相关的问题上提及他的意见，表明你对他很尊重，很重视，很肯定，很支持，很赞赏，很钦佩。

(6)肯认错。同事指出你的错误，一定要很感激地致谢，并以“良药苦口”、“当面纠错是最大的爱护”来恭维人家。而且，积极认错往往能够让对方很快闭上嘴巴，以免他“越说越来劲”。

(7)永远保持一定距离，做到彼此既不感到疏远，也不感到太近。

(8)不要向同事亮出自己的“底牌”。让同事摸不到你的底细，有利于保持自己的神秘感。

(9)工作不要太靠前，也不要太靠后。既要让同事知道你有较强的工作能力，又不在同事面前出风头，尽可能不引起同事的嫉妒，让同事忽略你是他最有力的竞争对手。

(10)工作严谨,生活检点,不要在工作和生活上给同事留下“小辫子”,免得同事向上爬时拉你的“辫子”或踩你的肩膀。

(11)紧睁眼,慢张口。看清了事情的本质再说话,而且涉及到飞短流长和对领导或同事评头品足的话不要说,免得被同事利用,或以此制造谗言,破坏你与领导或其他同事的关系。

(12)在同事中要切记:只要不得罪同事,就可以获得一定的人缘,不要刻意讨好某位同事,要尽可能用人格的力量多争取人缘,有了人缘,才能获得日后晋升的群众基础。

(13)尽可能多地帮助同事分忧解难。真心的帮助,也能换来真心的感激。

4. 成为同事的“哈哈镜”

作为一个公司的同事,大家经常一起去吃饭、唱歌、聊天,这样既有助于增加同事之间的感情,又可以放松一下紧张的心情,一举两得。同时由于上司不在场,气氛轻松,同事之间可说是无话不谈,大家把工作时对上司和公司的不满,趁机都发泄出来。

在这种场合,虽然大家表面都表现得轻松随意,但要注意自己的举止和言谈,宁扯玄的不扯闲的,千万不要毫无顾忌地为了满足一时之快乱说一通,不看对象地随便与同事交心,以免不注意中被某位好事者打了小报告,自找倒霉。但是也不能时时处处谨小慎微,与同事在一起时,什么都不说容易被同事误认为你是上司的心腹,而招致大家对你的不满。聪明的做法是适时地附和一些无关紧要的非原则性的话题,不主动对某事某人做出评价。尤其是对公司中传出的男女关系绯闻也不要主动谈及,以免事后以为你好说闲话。

不要在办公室聚在一起说东道西,论人长短。这种搞小圈子的行为是上司最讨厌的,对你的前途有害无益。成熟的你可以偶尔参加一些议论，但你议论的对象应是公司以外的问题，千万不要议论本公司的某人。如果他们谈及同事的缺点和私事，你应该保持缄默.切记不要加入他们的团伙。同事问相处的最高境界是永远把他人当作好人，但却永远记得每个人不可能都是好人。

为了显示随和，而去取悦、迎合别人是令人不齿的。在日常工作中，要注意培养与同事之间的感情，尽量去适应同事们，把自己看成他们中的一员，时时处处与他们保持一致，多跟同事探讨对工作的看法，多听取和接受他人的意见，时间久了你才能获得他人的接纳和支持，相处就会融洽起来。

参与同事间的活动非常必要，体贴关心别人，不要自恃高雅成为孤家寡人，跟每一位同事都保持友好的关系，尽可能与不同的同事打交道。对同事的优点、长处，要不失时机地加以赞赏，对同事的着装、打扮要适度地加以赞美，你就会成为他们的好伙伴。平时做事要讲究分寸，以真诚待人，处事手腕灵活、有原则。切忌万事亲历，毫无主见。不做奉迎上司的势利眼，不要自作聪明出风头，引起大家的不满或妒忌，切记要与同事们永远站在同一起跑线上。

如果在工作中遇到同事来诉苦的事情，往往令人进退两难。发牢骚者大都是点明某人某事，在处理方法和待遇方面存在不公正。在遇到这种事情时，要做到既关心同事的切身利益，又不卷入其中。即使你十分不愿意听，也不能对前来诉说的同事置之不理，以免产生不必要的误会，使同事对你逐渐疏远，你可以推说自己现在很忙，手头工作还没有做完，没有时间闲聊。或“装疯卖傻”装作听不懂对方所说的话，不时地插问些风马牛不相及的问题。使对方失去耐性，但最好的办法是对爱发牢骚的同事敬而远之。

当同事对你埋怨公司的制度不公正时，你将如何处理才不会伤了同事之间的和气，又不触犯“天条”呢？你不妨设身处地站在同事的立场上对他所说的加以赞成，并对他诚恳地提出自己的建议：我认为你的意见有许多地方是对的，你不妨把你的想法向上司阐述一下，为了公司的利益，也为了我们大家的利益，我想上司会认真考虑的，也许会改善现在不合理的现象。实际上，在工作上如此，同事之间如此，在社会交往中也应该如此。别以为嘻嘻哈哈是一种无原则的表现，从某种角度上说，这正是一个员工用以立足的重要原则。

5.少用心计多学乖

善良是人的一种宝贵品质，但世间除了善良的人以外还有很多"好战分子"。所以，你必须以坚定姿态来捍卫自己的善良，让他觉得你善良但不软弱可欺。那些喜欢向别人挑战的人，也不是针对一切人都施以强硬。强硬的人自不用说，那些神态严肃者，他们也不敢挑战。他们只对准了善良的人们，而且他们要先看一看这些善良的人们是不是软弱。

因此，你不要给他们提供被攻击的机会，要在善良的背面有坚定的心理支持。柔但不"弱"，善但不"过"。须知"马善有人骑，人善有人欺"。当你的利益受到侵犯时，要毫不犹豫地站出来捍卫自己的利益。要想保护自己，不被人欺，就必须在日常生活和工作中学"乖"一点，这里所谓的"乖"，其实就是一种在工作中为人处世的分寸。

(1)不要随便与人交心

在公司中社会活动比较多，多参加这些活动可以加深同事间的感情，但切忌随便交心。只有你和同事都知道竞争没有用或者你们都放弃了竞争时，才会有真感情。在两个相互竞争的同事间动了真感情，只会自寻烦恼。比如两个平级科员都可能被晋升为科长，但科长只有一个，一个晋升了另一个就不能晋升。没晋升的那个人可能会对那个晋升了的人产生误会，他们两人以后的交往也会不自然。

(2)向同事倾诉对上司的不满会很危险

如果你被上司发了一通火，你该怎么办？也许你可能晚上和同事到酒店借酒浇愁，向同事倾诉你的苦衷和对上司的不满，但这样做是很危险的。

薪水阶层的社会，是一个竞争的社会。不论多么值得依赖的同事，当工作与友情无法兼顾的时候,朋友也会变成敌人。在同事面前批评上司,无疑是自丢把柄给别人,有一天身受其害都不自知。

就算这位同事和自己肝胆相照,不会做出出卖自己的事情,但也得小心“隔墙有耳”啊! 所以,当你要向同事吐苦水时,不妨先探探对方的口气,看看是否同意自己的看法。如此用心,是在社会上立足不可缺少的条件。谨记一句俗语:“害人之心不可有,防人之心不可无。”

(3)在单位里不要站错队跟错人

如果你站错了队,跟错了人,那么你跟定的那个上司一旦被“双规”或被刑拘,势必会殃及你这个“池鱼”。如果你跟准了人,才有可能和有机会将来随之升迁。

怎样看准人呢? 你可以利用公司开会、分派任务、聚餐等机会细心观察,谁对你亲谁对你疏,就一目了然。你还可以以法纪、法规为标准衡量领导作风是否公道正派。

当然,你如果不愿卷入上司派系的冲突,保持中立也不失为一个好办法。

(4)莫让别人拿你当“替罪羊”

在单位里,有的上司精明能干,对下属要求严,这样,下属也不会懈怠;而有的上司却只做官不做事,敷衍他的上级。还有一些同事在与你合作时责任心不强,一旦有什么闪失,他会推卸责任,拉一个人替他“背黑锅”。

怎样才能不被上司抓住当“替罪羊”、不为同事“背黑锅”呢? 一方面,要与上司和同事搞好关系,上司或同事就不会抓你的“小辫子”;另一方面,做事认真,不马虎,事事都要白纸黑字做得有实有据,即使错了也可以用证据解释清楚。

(5)自我贬低会招致别人的欺负

像“怎么都无所谓,我不在乎,这我不大懂”之类的话最好不要说,这样的话只会显出你的软弱。在公司发奖品时,本来你能得奖品的,结果因为有一个实力比你差得多的同事与你相争你就放弃了,这样做并不能体现你的大度,他也不会领你的情,说不定还认为你软弱可欺,以后还会瞧不起你。

(6)有人说你爱传播谣言,你一定要找机会表白

大家都知道"道听途说"这个故事,是说一句话被不同的人传下来,已经与原意相悖了。你平时答复别人的话,经同事传播后可能变成了一句令他难堪的话。

在这种情况下,不要因为被人误会就见了面畏畏缩缩、吞吞吐吐,要找个机会把事情真相告诉他。如午饭时间或休息时,可以和他谈一谈。如果他仍是一副爱理不理的样子,你也不要计较,就应直接说明:"我绝对不会那样说你的,一定有别人有意歪曲事实。"这样表白就可以让他恍然大悟——你是冤枉的。表白后,稍停片刻,再笑着面对他,他会慢慢接受你的表白的,然后你再不失时机地提出邀请他去吃顿便饭。这样,一切矛盾也都可释然了。

(7)同事被上司批评时,你表示同意后要说一些同事的优点

当你遇到一个肆意批评属下的上司正在批评你的同事时,你应如何把握应付这种事的分寸?

首先,你应承认这个同事有缺点,上司批评得对,然后别忘了说出这位同事的其他优点。这样不致于因照顾同事的面子,不同意上司的批评而招致上司的不满,也不会因你只说同事的缺点而招来同事的怨恨。

一个下属在许多同事面前遭到上司斥骂,心里一定很窝火,因为他的面子在同事面前丢尽了。这时,最好不要马上安慰他,此时他正在火头上,你的好意安慰可能被看成是冷嘲热讽,是假意安慰实则取笑。所以,这时你要沉默,等下班后,再用适当的方式去劝导他。这样他的火气不那么盛了,也不会迁怒于你,还会对你的同情产生好感。

(8)有关同事的隐私,即使知道也要装作不知道

"嘿!他真是守口如瓶!"如果一个人能被他人这样认为的话,他一定是具有强大说服力的人。

常常有人借着喝酒来说上司的坏话,批评老板的作风,谩骂公司的制度……这些都可说是公司里常见的一种现象,而这些人也喜欢借喝醉酒来胡言乱语,甚至说大话。

“……哈……科长的太太红杏出墙,谁不知道?可怜的科长老是教训我们别到外面去风流,没想到,自己的太太却……哈!”

同事之间往往会无意中把在某酒廊听到的事,在办公时间内说出。如果这件事传到科长的耳朵里,他会怎么办呢?到处散布同事隐私的人实在是太没有道德了!

“……那个家伙实在是太多嘴了,留不住一句话,可恶极了!”如果被其他同事这样认定,同事之间的情谊就完了。

像一些极粗鄙的话,如果被心怀不轨的同事听到,很可能会添油加醋地到处宣扬。因此,有关朋友的隐私和秘密,不说为佳。

(9)帮助同事实现其愿望,会赢得同事感恩

要想全面深入地了解同事,就要知道同事想得到什么,然后你帮他完成。

有人会不解:这不是给对手帮忙吗?其实,里面有很深的奥秘,你明白后就会主动去做的。怎么做?

第一,事先研究透同事的心理,多方观察其言行举止,有时可以通过一起就餐、打球的轻松气氛观察他们。

第二,对每位同事都作科学性的分析,千万不要有内疚感,这是正大光明的调查,没什么见不得人的。一般说来,可以从以下几方面着手:

——你的这个同事希望现在的工作应做哪些变动?

——他在公司里希望达成的愿望中,有哪些可能顺利达成?

——他想谋到什么职位才是他的最终目的?

——他与上司、同事、下属的关系如何?

——他的私生活如何?

——他对什么有特别的兴趣?

这样,你对同事的期望就有了大概的了解。然后你应帮助他完成这些目标,必须按主次顺序列出来,像如下方法:

×——紧急。此项达成以前,其他项目可暂时不用管。

A——最重要,但未到紧急的程度。

B——颇重要,但可以稍缓一下。

C——不太重要,可暂缓实行。

以这种方法,找出同事的×项的需求,然后站在同事的立场上帮助他完成最紧急的需求。

在×需求达成之前,必须先考虑A需求。等×需求圆满达成后,再把目标移向A、B、C各项需求,当然,愈往后的工作愈简单。

只要你满足了同事的×项需求,你的计划就已开始,同事自会留意你给予他的帮助,开始对你效忠。

像上面所说的那样去做,你大可不必花太多精力就可以实现同事的期望。同时,你在平时要表现出爱为朋友帮忙的意图,同事有困难,就会来找你。你一一帮他实现,为他解除苦难,同事会很敬佩你的才干,同时也会对你有感恩之情。

你帮助同事完成期望,或助了他们一臂之力,就不要整天记着施恩图报。把你对别人的恩情贮存起来,等到你准备达到你的×需求时再作更有效的利用,即使你想要对方的回报时,也是要暗示他们,而不要自己直接提出。

(10)一走了之是对饶舌之徒最有力的回击

单位里喜欢"嚼舌头"、对别人说长论短、指手画脚的人是最令人讨厌的,你对他进行反驳又不能失去自己的风度,这就需要一定的手段。

·当他是专找你的碴,句句话都是挑你的毛病时,你切不可拍案而起,与之当堂唇枪舌剑,以中他的圈套。正像有人说的那样:"要想搞败一个人的最好办法就是激怒他。"这时你最好平心静气地抑制你的愤怒,不要理睬他,以显示你的度量大,别人一定会耻笑他而不会耻笑你。

·当他取笑你的弱点时,你也可以保持冷静,用眼睛盯着他不说一句话,像看小丑演戏一样,他说了一通后会觉得自己很滑稽,自然就不会说下去。

·当你已不能忍受他粗俗的话时,也可站起来,假装彬彬有礼地对他说:"先生,对不起,请继续你的演讲,我不恭听了。"他一定会觉得耻辱而不再继续说你的坏话了。

修炼二十:与下属相处的学问——做个有城府的上司

1. 请下属帮忙也要讲分寸

在办公室里,互相帮忙是十分平常的事,但要视情形而定。我们经常发现有些人就是比较"愣",总爱在别人最忙碌的时候要人家帮他做这做那,弄得别人很烦。而这种戏若是经常上演,相信以后只要他一开尊口,大家就会躲之唯恐不及,即使你是他们的上司。

大家不要误解帮助的含义,学会请人帮忙也是一门艺术。只要把握以下原则,你就不会再觉得求人是一件很困难的事了!

(1)直接说出请求

直接说出请求比拐弯抹角更容易让人接受。

比如"我知道现在你也很忙,但我真有事情求你帮忙",这样表达对于个性直爽做事讲效率的人十分有效!

(2)不要找借口

凡事总找理由开脱自己,只会让自己越描越黑。有人上班迟到,就找人帮忙代班,而理由不外乎是"我也不是故意麻烦你的,你也该知道路上就是常堵车嘛!"类似这样的理由是最令人厌恶的了!

(3)把理由说明白

你所强调的必须是真正的理由而非借口,例如"刘莉莉,儿子感冒了我得带他去医院,上午的会议麻烦你帮我主持"。

(4)切勿利用上司之便

不要以为既是上司就可以随意使唤人，殊不知即使是上司人家也未必一定得为你卖命啊！

(5)尊重别人说“不”的权利

若对方已明确告诉你无法帮忙时，不要苦苦相逼或纠缠不休，这只会让人烦不胜烦！要知道请人帮忙不过是一种权宜之计，善用是良策，如果滥用可就成了大忌！

2.巧妙应对下属的“唠叨”

人在职场，只有不断地犯错才会成长。作为上司，哪一个不是从犯错中走过来的呢？就把那些犯了点小错的下属看做当年的自己吧，如果当年的你希望上司能对犯错的自己好一点，那么你不妨将心比心，别对下属黑着脸。

做下属的难免会对老板产生一些抱怨，唠叨上几句。此时老板就要大人有大量些，不能因为下属小小地发泄一下个人感慨，你就让人家卷铺盖走人。这么做只会搞得公司人心惶惶，让大家觉得言论不自由，不敢再说真话。一个连真话都不能说的公司，那么还指望能有什么前途呢？

所以，应对下属的唠叨既然是每个老板的必修课，那么老板何不老道点，将这些唠叨消弭于无形，你让下属们嘴上痛快了，下属也一定把工作做得让你心里痛快。身为老板，又何乐而不为呢？千万别中了“紫格尼克效应”的招儿，一有唠叨抱怨立刻火冒三丈，半分气也沉不住。这样，你这老板的权威可就变成淫威了。

那么，上司要如何做到这种老道呢？

第一，暂时完全忘掉自己是上司。如果你在与下属谈心的时候还要端着上司的架子，那么下属怎么敢和你说真心话呢？所以，有些时候还真得别把自己当成领导。

第二，要有耐心。下属话匣子刚打开，你就立刻给合上，然后是你的长篇累牍滔滔不绝，这到底是谁心里有抱怨啊？认认真真做回下属的听众，这样更能服众。

第三，要学会什么都能听进去。别让下属的某些话刺激了你的敏感神经，既然是抱怨，有时候尺度问题难免做得不好，这时候上司就要有一种“大杂烩”精神，无论下属的话多么杂七杂八，要都能消化吸收了。

没有唠叨的下属是一个病态的下属，不允许下属发泄不满的老板也是一个病态的老板。记住，别让你的下属太沉默，当心有一天他们爆发。

3. 偶尔拍拍下属的“马屁”

老板这个词说得庄重一点，就是领导。领导领导，手底下起码得有个张三李四王五赵六的，这才名副其实。要不然你领导谁去？有句话叫“得人心者得天下”，当然了，老板得了人心也得不了天下。但是，这个客观事实一点也不影响这句话的主观能动性。得了员工的心，还怕得不到员工的智能技能加体能吗？所以，不仅仅是员工要拍老板的马屁，老板偶尔也要拍拍员工的马屁，正所谓“双赢马屁”。

吴起是战国时期著名的军事家，他在担任魏军统帅时爱兵如子，因而深受士兵的拥戴。甚至有一次，一个士兵身上长了个脓疮，堂堂的主帅竟然亲自用嘴为这个士兵吸吮脓血，全军上下无不感动。这个士兵的母亲也流下了泪水，但这不是感动的泪水，而是悲伤的泪水。原来吴起曾为这个士兵的父亲也吸过脓疮，结果打仗时这个士兵的父亲为报主帅的恩情，奋勇杀敌冲在最前，最终战死沙场。这个母亲担忧的是，历史又要在自己的儿子身上重演了。

不得不说，吴起是一个很会“作秀”的将领，感情牌打得游刃有余。我现在给你吸脓血，将来你就得为我沙场流血。一点点的感情投资，换来一个士兵为之卖命的回报，多划算啊。

吴起在这里使用的手段，可以称之为“安慰剂效应”。“安慰剂效应”源于那些使用安慰剂的人，反映的是一种依赖心理。吴起就是要士兵达到对自己绝对信任与依赖的程度，只有这样士兵才会对自己的每一个命令没有任何异议，而且会在战场上倍加勇敢。所以，吴起的“安慰换依赖”计划就是他“一将功成万骨枯”的保证。

职场中，我们很多时候也会受宠若惊一下，比如说那些遥不可及的上司记得你这个下属的名字，比如说在会议上对你的发言叫一声好。这些都是他们的感情投资，一来给你鼓励，二来让你卖力。总之，上司的感情投资，总是一本万利。

如果身为上司的你决定向下属打几张感情牌，那么，都有什么样的套路呢？

第一，记住只见过几次面的下属的名字。那些与你之间差着好几级的下属，一般来讲从没想过让上司们记住自己。如果你与下属在电梯里相遇，不经意间来一句“你是那个谁谁谁吧？”下属的心里一定像是喝了瓶二锅头，会产生自己指日高升的错觉。既然他都觉得自己要高升了，能不好好工作表现自己吗？

第二，偶尔问一问下属的家人怎样。要知道，下属一天早出晚归的，虽然口头上说为了公司，其实哪个不是为了养家糊口啊？所以，对下属的家人偶尔关心一下，甚至比关心下属更具有杀伤力，下属会因为你对他家人的几句问候而感动得稀里哗啦。

第三，公司注重盈利，员工注重收入。作为上司，如果能关心一下下属的收入问题，绝对能成为员工心里的好领导。当然，一些口头承诺完全可以当做是空头支票，聪明的员工也能读懂你的意思。不过，人需要有点盼头，一个好上司就要学会曹操的那招“望梅止渴”。

下属可能会拍了上司的马蹄，可是上司只要伸手拍下属，那就一定是马屁。所以，像这种成功率是百分百的事情，何乐而不为呢？说不定真会拍出一匹千里马呢！

4. 无为而治的上司更轻松

《庄子》中有一段阳子臣与老子的精彩问答。

阳子臣问老子:“一个具有果断敏捷的行动力与深入透彻的洞察力并且勤于学道的官吏,应该算是理想官吏了吧?”

老子摇摇头说:“这样的人如同因身上美丽的斑纹才招致猎人捕杀的虎豹,长处反而为自己招致灾祸,有了才华却为自己所累,这也能叫理想官吏吗?”

阳子臣说:“那么理想的官吏是怎样的呢?”

老子回答:“一个理想的官吏,必然会用功德普及众人,但在众人眼里一切功德又都与这个官吏无关;他也必然会教化周围的人与物,但人们又感觉不到他的教化。”

这就是老子倡导的“无为而治”。老子所激赏的这一种“隐形人”似的上司,与诸葛亮那种“劳模”上司走的是完全不同的路线。不过绝大多数人都觉得诸葛亮是个好上司,也可以这么理解,作为上司的话,如果不忙,下属会感觉“跟着你,没肉吃”。所以弄得很多上司一接电话就是“我很忙啊”,其实呢,忙倒是忙,但是没忙出效率来。

诸葛亮名义上是丞相,是蜀国的“二把手”,可别忘了人家还是“相父”,是刘禅的爹。所以,诸葛亮可以说是蜀国的“打工皇帝”。而诸葛亮高举着“鞠躬尽瘁,死而后已”的标语,一辈子都被这标语大山压着,最终从“所累”变成了“所累死”,让人喟叹万分。诸葛亮是大多数人心中的好上司,可是却不是老子提倡的“隐形上司”。那是我们正确还是老子正确呢? 别忘了,老子用现在的话来说就是专家级人物,专家的话怎么可能有错呢?

那些事必躬亲,一分钟恨不得掰成两半来用的上司,有没有让人生出一种“管家婆”的无奈？上司处处过问，是不是让人觉得他对你这个下属不够信任？摊上这么个上司，下属可能更多的是抱怨。

那么，上司应该怎样做才能做得既不累，又能让下属忠诚追随呢？

(1)舍得放权。要给下属一只令箭，哪怕是“鸡毛牌”的都行。偶尔山中的老虎也应该休息休息，让猴子过一过当霸王的瘾，也许更能促进森林的和谐发展。

(2)注重培养管理人才。作为上司就要独具慧眼，看得出哪块是金子，哪些是朽木。毕竟上司也没有三头六臂，培养出几个可以独当一面的人当舵手，能让企业这条船航行得更远。

(3)信任你的下属。一个整天问东问西的上司，给下属带来的必然会是一种监视感与不安全感，会让下属有种孙悟空永远逃不出如来佛掌心的感觉。那么，怎样做一个“傻傻”的充分信任下属的上司呢？

①对处在销售、生产等关键位置上的下属要充分信任。要知道，从事这些工作的人本来就站在风口浪尖上，流言蜚语少不了，相比其他职位的人，他们更需要上司的绝对信任。所以如果你是上司，就对这些费力还费心的下属说一句“我信任你”。

②作为上司你可以想一想，自己真的有知道员工每一分每一秒都在干些什么的必要性吗？他们是你的下属，而不是你的奴隶。如果你把时间花在琢磨下属每一天都在干什么上了，那你的时间其实不就被下属剥夺了吗？这到底是谁给谁打工啊？

③既然你对下属说“都交给你了”，那就别朝令夕改，放手让下属鸟飞鱼跃一下，下属说不定真会给你闯出一片天空。

如果你还是那个事必躬亲的诸葛亮，那你大概已经很久不曾修炼现代管理者应有的素养了。从现在开始，从你那堆忙不完的公事中抽离出来，重新审视以下与下属的相处模式吧！

修炼二十一：与客户相处的学问——善待“他人”与人双赢

1. 朋友多了路好走

“探矿的关键在于定位，工作的诀窍当属协调。”贝克说。事实上许多人只限做好自己部门的那份工作，却极少注意与周围协调关系、这样就可能会给以后的运作埋下意想不到的暗礁。

贝克对此有切身体会：七年前她在加利福尼亚的一家电脑公司任市场部经理时，经常因本部门的经费问题与财务处发生矛盾和争执。后来她被调到人事处主持公司雇员的培训工作，人员培训更需要财务处在经费方面的支持。

财务处已离开公司本部搬至其他地方办公，贝克不得不登门求助。“我决心要求他们清楚各自的责任，而且他们当中也有被培训的，他们没有理由不支持培训工作。”她说。幸好她遇上了同她关系不错的新任财务处负责人。她同这位负责人曾长期合作，是她的至交，她几乎没费什么周折，经费问题便顺利地得以解决。

公共关系学家赛雷斯认为在工作中形成的友谊是事业进展的积极因素，大凡事业有成的显赫名流，都是公关的杰出人物，比尔·盖茨是这样，沃伦·巴菲特更是如此。“在事业上多一个朋友就会多一条路。”贝克告诫说。

在生活中我们也能常常听到下面这样的对话：

A：小刘这人挺好的，你看他每天满面春风的，好像从来没有烦心事，并且他办事人家都乐意帮忙，大家都喜欢他。

B：这有啥奇怪的，人家和客户的关系好嘛！

是的，“客户”在生活中、在工作中，有时比你的真才实学还要重要！

你没有看见，金庸笔下的韦小宝胸无点墨，却在黑白两道左右逢源，备受重用，原因就在于他招人喜欢，人缘混得好！

社会是一个交际的社会，人缘的好与坏对办事能力的确很重要。人缘好的人，在社会上的形象就好，人们对他的评价也高，找人办事也容易得到理解、同情、支持、信任和帮助。一个人的人缘的好与坏，直接反映着他在社会上办事的能力和水平。因此，我们在办事过程中，对于自己的人缘因素一定要考虑。

要想提高办事素质就要建立一个关系网，办事之前，你应在脑海中先将这个关系网拉出来，清点一下各个网结上的关系户，瞧一瞧他在哪个阶层上，与他的交情有多深，他能为你帮多大的忙。了解了这些，你对办事分寸就有了把握。

尤其在企业上谋求发展的人更要重视人缘的作用。在一家公司中，你能不能升职，除了自己的工作能力之外，与客户的人缘也有着举足轻重的作用。与客户之间的关系很好，客户在老板耳边说出的赞美往往要比其他任何人所说的都要管用，这样你就容易受到绝大多数人的支持，容易开展工作，升职也会成为理所当然的事情。

因此，在你的升迁计划中，一定要考虑到你与客户之间的人缘关系，根据人缘的好坏程度决定自己将实现哪一个目标。

2. 提出反对时，要学会婉转

在工作中或处理人际关系时，因为每个人阅历不同，对事情的感受与领会就会有出入。一件事，你可能与旁人意见一致，也许歧见甚深。在工作上与同事、上司、下属交换意见的机会十分之多，所以千万别小看沟通的重要性。

没有人会真正做到万事如意，有人会投反对票这是必然的，尤其是在与客户的相处过程中。只是在对人说“NO”的时候最好别得罪人，这就是拒绝艺术的根本所在！拒绝并不只是一句“NO”这么简单，你必须注意语气、时间、对象,否则,单凭一时意气就说出拒绝的话,很可能会伤人害己。

就算是最要好的朋友,都有可能因着一两句无心的拒绝而结下心结,所以,学会拒绝是一门并不很简单的艺术。

(1)语气委婉

做事和说话勿过于急躁或不耐烦,尤其是在你正忙碌的时候,更要注意语气的控制,千万不要做出因小失大,让自己后悔莫及的事。

(2)态度和缓

拒绝别人本就是一件残忍的事,一般来说,你也是因为有苦衷才会说“不”,因此态度尽量表现出不得已、爱莫能助和深感无奈的感觉,这才是避免产生芥蒂的好方法。

(3)理由正当

想一个正当而且无法辩驳的理由回绝对方,但理由不是临时想出的借口,一旦被当事人揭穿,不仅自己难堪,对方更会气恼不已。

(4)帮忙解决

许多时候人家找你帮忙,皆因自己确有难处,但如果你不想帮他或有事情纠缠无法脱身,建议不妨替他想一个解决的办法,这样,你的拒绝不就四两拨千斤了吗?总而言之拒绝是你在工作上、人际关系上都无法幸免的事情,说“不”并不可怕,就只怕你说得不够巧妙。否则,到头来得罪了许多人还不知怎么回事。

在工作上唇枪舌剑的机会太多,大家常会忘了沟通是为了把事情做得更好,最后可能彼此都为口边的胜利而争得面红耳赤。所以要如何积极发表“异”见又不得罪人,这是非常值得探讨的一门学问。

(1)清楚表示

可以明白地说出自己不同意见,例如“我不赞成……”、“我不认为……”

(2)表示怀疑

如“这么做会不会有负面影响?”但要注意语气上别过火,以免有人身攻击之嫌。

(3)说明理由

把意见相左的理由说出来,例如"我觉得这么做会有影响,我建议不妨……"

(4)赞成与反对部分要划分清楚

学会在肯定对方之后提出反对意见,这样才能让人充分感到你是就事论事,像是:"我承认你的这项观点很正确,不过另外几项我却不敢认同。"

从以上几个方法中不难看出,就事论事是发表意见的最高指导原则,见风转舵非良策,唇枪舌剑更无必要,不是在正式的会议或平时的休闲谈话中,发表意见是常事,你所提出的意见,可能变成问题的开端或成为解决问题的良药,两者都很重要,所以一定要谨慎开口,不可不慎。

3.与客户相处的社交艺术

客户可以说是我们业绩的全部来源,是企业中最为重要的公共关系,它关乎企业的生存和发展。因此,掌握与客户之间的相处艺术是每个员工都必须掌握的一门学问,也是员工素养修炼中必不可少的内容之一。

客户泛指与企业来往的主顾、客商。客户关系是指与企业有利益关联的组织与个人的关系,在市场经济条件下,客户关系是企业最为重要的关系。

良好的客户关系对我们自身的职业发展无疑是非常有利的,主要表现在以下两个方面:

(1)有利于自身业绩的提高。工作业绩是个人的职业发展的最有力的支撑,尤其是对一些特定的行业和企业中的一些特定的岗位,客户关系成为决定工作业绩的重要的因素,比如金融业、地产销售、汽车销售、服务业等等。

(2)有利于提高职业竞争力。所以,客户关系就直接影响你的职业竞争能力。当你具备很好的职业素养以后,你的职业发展依赖于更多的人能够发现你和欣赏你;当你的客户关系广泛而深入,就会提高你在行业中的知名度,你就会有更多的选择你理想职业的空间。

只有把与客户的关系维持好,他们才会真正地为你的生意着想,才可能成为持续推动你的生意前进的重要力量。那么,我们该怎样维护与客户之间的关系呢?

(1) 在客户身上投资更多的耐心;
(2) 真诚地关怀客户;
(3) 尊敬所遇到的每一个客户;
(4) 绝不直接批评、抱怨和指责客户;
(5) 毫无条件的接受客户的态度;
(6) 经常表示对客户的赞同;
(7) 感谢每一个帮助过你的客户;
(8) 对客户表示由衷地羡慕;
(9) 不要和客户激烈争辩;
(10) 与客户交谈时,集中精力倾听客户在说什么。

当然,与客户的关系也不能过于密切,保持适当的距离很有必要。我们必须清醒地认识到,只有与客户保持适当的距离,才能赢得客户更多的支持,过密的距离反而会伤害客户关系:

① 与客户建立过度亲密的人际关系可能使商务关系受损;
② 与客户交往过密,会给公司带来昂贵的交际成本;
③与某些客户过度亲密的交际会造成各种关系难以平衡。

4. 怎样处理与客户间的冲突

有效的沟通可以说服客户,而所谓沟通,正是一种使别人信服的艺术。真正的沟通是建立在相互交流的基础之上的,当双方的交谈都感觉良好时,都会不由自主地表现出一些动作加以渲染,比如肢体语言。

幽默戏剧大师萨米·莫尔修说:“身体是灵魂的手套,肢体语言是心灵的话语。若是我们的感觉够敏锐开放,眼睛够锐利,能捕捉身体语言表达的信息,那么,言谈和交往就容易得多了。认识肢体语言,等于为彼此开了一条直接沟通、畅通无阻的大道。”

因此,读懂对方的肢体语言,并作出准确回应,是有效沟通的前提。也只有真正懂得用心聆听、用眼观察的人,才能真正掌握沟通技巧的真谛。然而,即使是再用心的员工在与客户的相处过程中总会不可避免地产生冲突,因为双方在目标、动机、性格、气质等方面都是存在差异的。然而,重视并且正视冲突是员工必要的素养修炼之一。

其实,冲突也有其有利的一面,它能够将问题暴露出来,使之及早得到重视;它能够激起讨论,澄清观念;迫使寻求新的方法;培养创造性,更好地解决问题。当与客户间的冲突出现时,主要有以下几种方法来处理:

(1)回避或者撤出:卷入冲突的人员主动从这一情况中撤出来,避免发生争端。这种做法是一种消极的方法,会使得冲突积累起来,导致后来的逐步升级。

(2)竞争或者逼迫:把冲突当成胜负的局势,认为获胜比相互之间的关系更有价值,可能会导致人们的怨恨心里,恶化工作气氛。

(3)调停或者消除:尽力在冲突中找出意见一致的地方,最多可能的忽视差异,对可能产生分歧的地方不进行讨论,但是这并没有将问题彻底解决。

(4)妥协:寻求一个调和的折中解决方案,着重于分散差异。

(5)合作解决问题:直接正视问题,寻求双赢的结局,尽力得到最好、最全面的方案,卷入冲突的人员都把对方所持观点的假设理解清楚,特别是那些发生冲突的部分,愿意放弃或者重新定义之间的观点、意见。而这也是最积极最好的处理冲突的方法。

第六章　成就你的卓越未来:现代员工的升迁技巧修炼

拿破仑说:“不想当将军的士兵不是好士兵。”职场中不想成为管理者的员工也不是好员工,因此,不要再为自己的“野心勃勃”而惶恐不安了。只要修炼了一定的升迁技巧,那你就是那个进退自如的卓越者。

修炼二十二:高薪关注的员工类型——薪水寻找有准备的员工

1.公司给什么样的人加薪

从一般意义上说,薪金是个人价值的货币表现。但这并不是说薪金低的人,其价值也低。因为人的价值具有不同的方面或取向,有的人恰得用武之地,其价值可能就相对高一些。人们为了实现自己的最大价值和社会认可,总是不断追求高薪。但任何企业或部门都不会轻易将高薪签注在某位员工的名下,因为要获得高薪是有条件的。

作为一名职员,如果你想迅速获得加薪,只要去做成几件同事无法做或做不成的重要工作就可以了。做到了这一点,你就容易超越那些年资比你深的职员。如果一个人做起事来能吃苦。有忍耐力、反应敏捷、能处处替领导考虑,如果他随时随地都能用脑子想出些明智、有创见、完善的方案来,那么他的领导自然会逐渐重视他,觉得确实有必要把他提拔到一个重要的位置上,给他更高的薪水。

(1)给忠诚的人加薪

上司喜欢忠诚可靠的下属,许多上司主要的时间用来考察哪个下属是可靠的,哪个下属是不可靠的。他对于员工的勤奋程度做事的成效,即使不说心里边都知道得一清二楚。任何工作不努力、错误不断的员工都逃不过他的眼睛,迟早都会被他发现,受到惩罚。

上司对员工的品格也知道得很详细,他明白哪些人喜欢寻找偷懒机会,哪些人平时不做努力而习惯在领导面前假装卖力。

一个员工如果想获晋升和加薪,首先要得到上司的信任。任何领导绝对不会无缘无故去提拔一个他不信任的人,给不信任的人加薪。上司所希望的是这样的员工:无论自己在还是不在的时候,他都一样去努力,一样忠实可靠，甚至在无人监督的情况下，他做事还会格外卖力一些。

而那些迅速晋升和得到加薪的人，往往随时随地都会考虑上司的利益，他会力所能及地替领导分担工作，竭尽全力来协助实现经营计划。

所以，加薪秘诀有三条：

① 忠于自己的职责，诚实可靠；

② 随时随地考虑上司的利益；

③ 刻苦耐劳，全力以赴。

(2)为实力加薪

一个人想在社会上，在拓展事业的过程中，受到他人的认同和器重，实力非常重要。以一般企业求才倾向来看，所谓的实力大致上可归纳为以下几点：

①年轻——"年轻就是本钱"，年轻对企业来说就是可塑性大、精力旺盛、学习能力强。

②专业才能——在本职上的专业知识比他人更深入、更广博。

③经历——经历过哪些工作，上过哪些训练课程等。

④成就——可以被肯定的成就有几个方面，包括公司内、社会上或学术上的。

2. 加薪要看你的表现

在公司里工作一段时间后，员工应该寻找各种机会对公司的结构了解清楚，看一看这个公司是否适合自己的发展，在此工作有没有前途，晋升加薪的机会有多大。如果你准备为这家公司效力并准备进一步升职加薪，就需要一些专业资格，如果你在这一方面有些欠缺，最好能争取到进修的机会，并向公司申请，这样做的目的是向公司传达了一个信息：你是为公司而学的,你的好学上进将使公司在日后多一名专业人才。这一步如果走好的话,对你日后在公司的加薪有很大的好处。

(1)找到表现自己的机会

争取加薪的机会有很多,只要在日常的工作中细心注意,就可以发现有很多是既不引起同事的注意,又能充分表现自己的机会。例如,代理请假同事的工作,暂时被要求负责等,都是表现的良机。要珍惜机会,负责地做好工作。千万不可以采取为了争取表现机会,大张旗鼓地四处抢工作,这样会引起同事不满,是得不偿失的。

(2)处理好人际关系

在晋升和加薪的道路上,不仅要和具有影响力的人做朋友,同时也要和职位低的人交往。

现代社会,人与人在人格和尊严上是平等的,没有贵贱之分,不要觉得自己比谁强多少,如果这样的话你将失去一大批朋友,那么你的加薪机会就很渺茫。

人际关系的好坏,直接影响着你的加薪机会。现代社会是信息社会,人们通过交往会得到很多信息,广交朋友就和外界交往多。上司会考虑对公司的营业有利,那么你的加薪机会就会很多。

要想建立良好的人际关系,就要主动、热诚,平时不显山、不露水,在别人眼里表现得落落大方,使人们对你没有戒备,为自己的加薪铺平道路。

(3)别为小事惹麻烦

在公司里你会遇到各种各样的诱惑和许多不平等的事,在这样的情况下,要学会克制自己的情绪。如果一不小心做出强烈的反应和悖理行为,你将为此付出代价。在公司里工作严守纪律是必不可少的,大多数上司都会重视员工的时间观念。一个不守时的下属是不会有机会升职和加薪的。严守公司的纪律,就是尊重上司的规矩。没有规矩不成方圆,只要你能严守公司的各项纪律,别人才会对你表示服从,如果一个没有纪律观念,且不尊重公司各项制度的人被升职加薪,那么其他员工们必然不服,对公司的发展必将产生副作用。

(4)要创造性地工作

如果你所从事的是一项平常的工作，那么就应当在平淡业务之中不断地发现新问题，不断地产生新的创意，并与上司就这些创意进行讨论。这样上司就会注意到你的进取精神，因而对你会更加器重，就会把你从平淡的工作中提升出来，给你一个能发挥才能的职位和相应的薪水。

上司不仅希望员工能发现新问题，而且也希望员工能够解决问题。如果你发掘出一大堆问题，都不知道如何去解决它，那么上司不仅不会欣赏你，而且会感到你是一个非常麻烦的人，就不会晋升和重用你，更不用说加薪了。

我们强调在与上司相处的过程中要学会争薪这个问题，就是由于有太多的人因为不会争薪而频频吃亏。

不会争薪，一般有两种表现，一种是不敢争薪，甚至连自己应该得到的也不敢开口向老板要求，既怕同事有看法，也怕给老板造成坏印象，大有“君子不言利”的味道；一种是过分争薪，有则争之，结果常常跟在老板屁股后喋喋不休地讲价钱，谈薪水，把老板追得很烦。

其实，这两者都是不会争薪的表现，争薪也有个技巧问题。俗话说：老实人吃哑巴亏，会哭的孩子有奶吃，这是我们的祖先总结出的地地道道的“真经”。例如，在同等条件下，两个同事工作都比较勤恳认真，但在加薪时一个“有苦难言”，对老板只提了一次要求，但另一位却三天两头地找老板诉苦，有空就拨拨老板脑子里面加薪的这根弦，结果被优先考虑，而他的那位老实的同事却只能眼巴巴地看着别人长了薪水，难道他不明白其中的奥妙吗？

有的人认为向老板要求加薪，就肯定要与老板发生冲突，给自己找麻烦，影响两者的关系，什么都不敢提，结果常常是自己吃亏。

在干好本职工作的前提下，要求自己应该得到的东西也是合情合理的，付出越多，应该得到的报酬就应该越多。

只要你能为上司干出成绩，向老板要求你应该得到的薪酬，他也会满心欢喜。若你无所作为，不管在薪酬面前表现得多么“老实”，上司也不会欣赏你。

实际上，从领导艺术上讲，善于控制下属的上司也善于将手中的加薪指标作为笼络人心、激发下属的一种手段。由此可见，下属要求利益与老板把握利益是一个积极有效的处理上下关系的互动手段。

一个有价值的员工，一个有成就的员工，为自己争取薪水是光明正大的。

竞争无处不在，就社会来讲，有经济、教育、科技的竞争，有就业、入学，甚至养老的竞争。就升职和加薪来说也不例外，在通向金字塔顶端的道路上每一步都有竞争的足迹。

竞争同一职位的人很多。当你知道某一职位或更高职位出现空缺而自己完全有能力胜任这一职位时，要学会争取，主动出击，把自己的意见或请求告诉上司常常能使你如愿以偿。

当你向上司提出请求时应该讲究方式，不能简单化。宜明则明，宜暗则暗，宜迂则迂，这要依据上司的性格、你与上司以及同事的关系、你的人缘等因素而定。

可采用“明示法”，就是通过书面形式明确地向上司提出自己的请求，或采用“暗示法”，即在与上司沟通过程中作出某种暗示，如“我要是担任某职，会如何做，会比某某更能干……”或采用“迂回法”，即请他人转达自己的请求，而这个人最好是老板的知己。如果你的职位上去了，薪水自然也很快地提升上去了。

(5)不要恐惧和不安

不要害怕说你有条件做另外的工作或能在现部门负更大的责任。一位经理助理告诉我：“我能为本部门每个人说话，但一涉及到个人要求，就觉得难以启齿。”结果，他错过了好几次升职机会。

让上司知道你渴望显身手，必须由你本人表达信息。除非你清楚地表明自己的要求，否则没有人会把肥缺美差拱手相送。

(6)当第一流的工作者

过去，薪水是尾随工龄自动增长的，现在不同了——如果你不全力以赴并出类拔萃，薪水就可能原地踏步，因为公司往往只给他们认为干得最好的人升职加薪。

那意味着你必须像河狸筑堤一样不知疲倦地干，不仅甘愿在必要时加班干好岗位工作，而且要眼明手快地去发现和做好需要干的“分外”活儿。今天，被人称为“工作狂”已没有贬义，而变成一种称赞。

3. 怎样抓住表现的机会

一个下属要想尽快晋升，业绩上表现突出一些是最有说服力的，但这需要一个过程。光干得好还不管用，还要说得好才行，那么，当你完成一项工作之后，怎样说才能使你的业绩更有亮色呢？

(1)复述一遍上级的命令，让领导放心

领导做完指示后，你理解了领导的意图后，可以用这样的言语简要地重复一次：“您说的意思是不是这样……”或“您看刚才您的话这样说……行吗？”这样做的目的是让领导放心地把工作交给你干，领导会对你产生这样的印象：“他办事，我放心。”而且这样还可以记住命令的内容，不至于遗漏或做错。

(2)得体的言谈举止能给上司留下能干的形象

在你未做出工作业绩以前，你要赢得领导的重视，你的言谈举止至关重要。

声音洪亮些，给别人一种自信的感觉，可以压倒听众。若是紧张得连话都说得不自然，那么你的才华就像“茶壶里的饺子”一样“倒”不出来。

姿态端正，给上司有魄力、有活力的感觉。古人说，“站如松，坐如钟，走如风”，是很有道理的。站在那里要昂首挺胸，充满自信；坐下来挺胸伏案，显得有点气质；走起路来要快而有节奏，给上司一种雷厉风行的感觉。

与领导交谈，要双眼注视着领导，以示你在专心听他讲话。同时，要坐在椅子前端的三分之一处，身子前倾，以示你谦恭和正在认真地听取他的指示。

(3)服饰与你的精干形象关系很大

如果你穿衣服破破烂烂，皱皱巴巴，会给人一种龌龊的感觉，让人觉得你活得窝窝囊囊。记住:要把脸刮干净,把头发梳齐,衣服要考究、整齐干净,皮鞋一定要擦亮。这样才能给人以活力、生气。

(4)接打电话能表现一个人的能干

接到电话时,要露出笑容。也许你认为对方看不见,干吗要这样做。但心理学实验表明,你的心情一开朗,音调中自然会发出相应的变化,对方也可从中"听"出你的笑容,从而对你产生好感。电话铃响后,比别人抢先接电话,给人以机灵、勤快的感觉,上司会看在眼里、喜在心里,接电话必须把内容搞清楚。例如,某高校学生组织要向你公司寻求赞助,你就应尽可能地多了解情况:寻找赞助要搞什么活动?这个活动能给公司带来什么收益?赞助的形式、金额、时间等等都应搞清楚,这样向上司汇报时才能不被上司问住。

(5)学会使用精确的数字

为什么要这样做呢?我们可举例说明:一个部门经理要做一个项目急需资金,向上司申请了45.6万元,上司问他"为什么不申请50万元",他回答说"45.6万元就够了,多申请了也用不着"。上司被这位下属为公司精打细算的敬业精神所打动,很快就批准了那个经理所需的钱。

所以,你应为单位着想,为领导着想,在工作中尽量把数字精确到尾数,这样上司会被你的节俭精神所感动而加深对你的印象和信赖度,而这也是员工素养必要的修炼之一。

4.薪水寻找有准备的员工

要求上司加薪时,不妨再试一试狮子大开口法,也就是说你可以把实际想要的价码抬高一定的比例,这样如果上司想继续留任你,必将考虑你的要求,从而实现自己的真正目的。例如,你只希望得到30%的加薪,你可以提出50%的加薪请求。这样,在讨价还价后,你就可能实现自己的加薪要求。作为上司来讲,启用新人的培训费用和风险,与为老员工加薪相比要大一些。

不管运用什么方法，什么手段争取加薪，都不可任意妄为，要把握好“度”。任何事情都有一个“度”，超过这个“度”就会适得其反。

要时刻为升职加薪做准备，循规蹈矩是不能创造机会的。因为天上不会掉馅饼，只有不断地寻找和创造机会才能达到加薪的目的。要想得到机会，首先要为机会做准备，常言说得好，“不打无准备之仗”，机会总是留给有准备的员工。

(1)做好身体方面的准备。要有良好的精神状态和健康状况，首先，人要有精神。精神是支柱，整天无精打采的员工是得不到机会的。其次，要有健康的体魄，如果身体素质低，上司是不敢将重任托给你的。

(2)做好业务方面的准备。要掌握有关业务和公司历史方面的情况，与同事谈论工作方面的事，学习掌握比自己高一级职务的有关技能，将自己更好的计划及时表达出来，才是有望获得晋升和加薪的前提。公司雇用你的原因是你能为公司做事，你应该用更好的方式、最小的代价做好每一件工作，为公司赢利益。

(3)做好心理的准备，调整态度以适应现实。上司的工作是完成他的任务，而你的工作则在帮助他完成那些任务。如果你完全理解这一点并向上司表明你很理解这一点，那么不远的将来，你肯定能得到上司的赏识。用明确的方式向上司表明你已做好了接受更高职位的准备。

(4)做好职位的准备。要让上司知道你对哪个职位有兴趣，并提出具体建议，来证明你有能力担当此任，并会为公司带来更大的效益。你所要争取的只是职位涉及的工作，千万别把争取的任务放在薪水上。再则，要了解谁会来争这个职位。知道谁拥有进入这一职位的资格，做到知己知彼，从而为此做好充分的准备，即使这一次不能胜利，也为下次的晋升打下基础。

(5)做好失败的准备，上司最担心的是用错人。如果用一个只知道一味追求私利的人，只会给公司带来负面影响。因此，应让上司感到，你并不是追逐名利的自私之辈。你之所以要得到这个职位，只是为了实现自己的事业，为公司谋更高的利益，所以无论成败与否，你都要表现出大将风度，不以一时成败论英雄。将眼光放长远一些，为下一次更好的加薪机会做准备。

修炼二十三：看清自己的实力——实力是你的职场引路人

1. 掂量自己是不是"千里马"

作为一名员工，总期盼着能有伯乐慧眼识人，把自己从众多的人群中提到一个更高的职位上，但是，在被选中之前，我们也要知道自己是不是一匹千里马，有没有担当重要职位的能力或者实力。

能力就是衡量一个人的本事的水准，能胜任某项任务的主观条件，它是发挥出来的潜力。它由五个组成部分：

① 技巧。能将困难或复杂的技术表现出正确的结果。

② 知识。具备有关的、已经组织好的资料，而且能够运用其恰当的部分。

③ 态度。表现高水准的积极情绪倾向和意愿。

④ 自我观。对自己完美的表现有信心。

⑤ 敏锐的理解力。能够注意并做好与一项工作有关的事情。

如果你的职业生涯计划包括工作升迁，那么，你为取得新的能力，必须加上一个人的成长经验，凭借捷径或耍嘴皮子是愚蠢的做法。凡是希望职业生涯有所提升的人，应该做到以下四方面：

① 如果可能，要有胜任新工作的能力。

② 向上司证明你具有必要的能力。

③ 能够迅速取得新能力。

④ 实力。

具备相关的能力最为重要。凡利用不正当手段或裙带关系推动职业生涯都是不稳妥的，因为大家不会一直忽略你缺乏能力的事实。发展能力是一项长期计划，不断地提高素质和能力是必要的。此外还要不断获得新能力。

在关键性的变动时，新能力的获得特别重要。你有时候会发现，目前的职位和向往的职位之间，有着明显不能跨越的鸿沟。

2. 职业生涯须规划

新人到位，难免踌躇满志，豪情满怀。但要规划好你的职业生涯，有几点是必须做到的：

(1)无论你现在或将来从事的职业是什么，对现在的职业要负责，这一点切切不可忘记。你一定要对自己的职业认真敬业，勇挑重担，兢兢业业，恪守职业道德。

(2)切记和谐融洽的人际关系非常重要。实践证明，与同事间关系融洽将使工作效率倍增。

(3)要优化你的交际技能。优良的交际技能可为你谋职就业提高成功率。如美国硅谷科技园区的许多高技术公司在聘人时不仅考察技术，同时还考察受聘者的交际技能，成功受聘者的做法是在听对方说话时要认真努力去理解对方话语含义，此后再解释自己的有关见解。

(4)要善于发现变化并适应变化。不管周围环境出现何种变化，你都应该善于发现其中的各种机遇并驾驭这些机遇。例如，在互联网上经营商务，这是一种时代变化，同时对你也可能是种机遇，不管你从不从事网络商务，面对新生事物你都应该认同它是当今世界上最有功效的事物且具有变化的未来趋势，不管这种变化是好还是坏，你都要认真审视、认真预测，因为你目前或将来从事的职业可能与此密切相关，各种机遇可能正包含在其中。

(5)要灵活。未来时代的工作者可能必须经常转换职业角色，这就是说你要善于灵活地从一个角色迅速转换到另一个角色,方能适应时代环境的变化。

(6)要善于学用新技术。或许你想当一名作家,但在当今时代,作家欲获成功,也必须不断学习并掌握新技术新技能才行,比如作家必须同时成为一名计算机文字处理员、打字员、网上发行员才能获得成功。

(7)要舍得花钱花时间学习各种指南性知识。目前各大学、社会研究机构、其他组织开办了各式各样的实用性知识培训班,这些科目你可试学,若试学后觉得自我感觉良好,学后大有实用价值,那么不妨再深入学下去。

(8)摒弃各种错误观念。当你考虑某种新职业或新产业时,观念一定要更新,以防被错误思维误导。

(9)要不断开拓进取、不断开发新技能。一个复合的社会不仅需求专业化知识,同时还需求通用化灵活技能。

一名专业工作者若能借助于专业知识及通用技能综合武装自己,才更能适应未来年代的挑战和竞争。

换句话说,为你未来职业考虑,你绝不应只"低头拉车",专心研究某一种专业知识,你还应同时"抬头看路"看看这种专业知识在未来社会是否还将为人们所需求。一般说来,以长远眼光看问题,多掌握几种技能要比只精通一门狭窄专业知识更有前景。

3.老板的"甜点"小心尝

洁被公认为是总公司老板最得力的助手,可最近她却收到了老板的调令:自己被调到分公司任职。

洁怎么也想不通,老板为何会做出这样的决定。论工作,自己并未给公司带来什么损失,况且,战果颇丰,公司上下有目共睹;论私交,洁可以说对老板是一片赤胆忠心。

分析洁所遭受的经历,问题恰恰出在洁本身。如果洁在做出决策前给老板打个电话，也许就不会变成现在的结果。哪怕洁知道老板也会做出同样的决策。

其实，诸如“全交给你了！”“我最信赖你！”这些话，虽然听来诚恳，令员工感动，但往往是老板给你的最难吃的“甜点”之一。老板对你说这些话时，不要以为老板真的全权放手，你就可以我行我素地亲自去执行了。实际上，老板这些话的意思在很大程度上是对你工作积极性的鼓励，而并非真的要你“放开手脚，大包大揽”。否则，他还不如写下一份辞呈，让你去做老板呢。遇到这类情况，最好的方式是及时向老板汇报工作，请示指令，以电波方式扩大他的权威性，以免自作主张，费力不讨好。再有，千万不要低估老板的水平，别看他人远在云里雾里，而他的“第三只眼”早就将你一览无余了。

所以这样的“甜点”，要小心品尝为妙。要认清自己在老板心目中的地位，才能对“甜点”做出恰当的取舍。

如果你在老板的心中是普通员工的那一种，你又想很快引起老板注意，最好的方法是给老板提出一些建设性的意见，但这些建议必须是重要且有影响的。他也许会说“这些建议非常好”，并记下你的名字。这时，你最好是静待佳音，看老板是否把它采纳。如果时时不见音信，你最好不要再去打扰他。通常不被采纳的原因有两点：要么，老板本身就是一个很不高明的领导；要么，自己的建议并没有自己想象的那么重要、完美。如果问题出在自己身上，那么以后再有什么好点子，一定要通盘考虑，做到滴水不漏，然后再做成可行的文字方案向老板和盘托出，而绝不能仅仅是个设想。如果你总是拿着心血来潮的主意或一些琐事打扰他，他也许还会说这些建议非常好之类的话，但是，这时他早已经对你厌倦了。如果再这样下去，他最初抛给你的那份“甜点”就会慢慢融化，你的薪水也会一点点从身边流走的。

所以，你要认清自己在老板眼中的地位，品尝“甜点”才会有滋有味。

老板给你“甜点”，也不要以为是给你一个人的恩赐。炎炎夏日，老板经常会走进车间看望职工。也许，走过你身边时会为你抹一下额头上的汗，然后说：“为有你这样的员工而骄傲！”听了这些话，千万不要受宠若惊,千万不要把自己摆在众人之上,以为老板对你另眼相看,以至于成为日后炫耀或逃避苦役的资本。其实,这些话是老板经常问候职员的,主要是表现老板对下属的关怀体恤,以拉近上下级之间的距离,让下属更努力地工作。这样的"甜点",绝不是对你一个人的恩赐。

也许你会说,瞧这些老板多虚伪,既然"甜点"这么难吃,那么不吃也罢。如果有这样的想法,成功就更加渺茫。其实,一个胸襟开阔任人唯贤的老板,给你的"甜点"往往都是充满了诱惑和考验。诱惑能判断你的头脑是否清醒,意志是否更坚强;考验可以使你的脚步更坚定,可以使你变得更聪明。

如果你能正确接收老板给你的"甜点",并小心地消化它,你就等于成功了一半。日后就能得心应手地完成老板交给你的工作,就会成为老板"真正"依赖和值得重用的人。能够准确品尝上司"甜点"的味道,是员工必不可少的一项修炼。

4. 找准在上司心中的地位

一个员工在上司那里有没有位置很重要,更重要的是上司故意挤对你,对你一百个不上眼,这个时候,你就是有浑身解数恐怕都无能为力了。那么,怎样知道上司是不是挤对你?遇到这种情况你该怎么办呢?

(1)你同上司关系是否很紧密

人际关系在任何部门中都很重要。当代社团生活中,无论当"官"的,还是当"兵"的,他们的前程都取决于他们能不能"玩得转"。无论你在收发室工作还是担任中层管理工作,你成功的关键就是让上司知道你,并且你要精明、老练、圆通。

和上司认识并加深对你的熟悉主要通过社交。你上一次和上司一起吃午饭是什么时候?你同一些高级管理人员有来往吗?若你在一家小公司工作,老板及合伙人知道你吗?你和上司是否亲密无间?

(2)你公司里的上司是否赏识你

公司里的老板是否知道你干什么工作,并对你有较高的评价吗?许多人都认为,如果他们表现好、工作好,领导是长眼睛的。可是,情况一般不是这样。很可能你工作相当出色,可领导并不了解。

在这方面,会干的员工总是设法让别人知道自己做了一些什么?设法让别人看到自己做的事情,争取得到一个能力强、能干之类的好名声。老板们往往把这样的人看作是崭露头角的优秀员工和公司里的能人。

(3)你有晋升的"引路人"吗

有个"引路人"一定能使你很快得到提拔,这也是你晋升的一条最佳途径。你有"引路人"吗?"引路人"是这样的人:他在工作中指导你、帮助你、督促你事业上的发展,为你出示心理咨询,在人际矛盾中为你排忧解难。"引路人"对你的晋升也会助上一臂之力,对你事业成功和步步高升起着重大作用。

你要清楚你的竞争者是不是也有强有力的"引路人"。一位女士是一家公司的第二副总,但她没有得到提升,获得迁升的却是另一位男同事。原来,总公司里一位高层领导是这位男同事的"引路人",而且这位高层领导对提升谁有着最后的决定权,他显然更懂得处理复杂的人际关系。

(4)你在公司是否参与了一些重要项目

参加公司里的核心项目,就表明你踏上步步高升之途。特别是因为你参加了这类项目,会使你有机会和老板打交道,并能证明自己的能力。若你未能参加这类项目,则表明你该着手考虑另谋出路。

(5)你的老板是否宣传你的成绩

不管你是一个秘书、办事员,或是一个中层经理,你的老板既可助你成功,也可毁你前程;既可让你看来很不称职,也可使你表现得精明强干。

修炼二十四:让老板看到你的才干——老板“服”你才能“扶”你

1. 掌握毛遂自荐的方法

我们所面临的是一个充满激烈竞争的时代,在这个时代里,每一个人都需要有一种全新的观念和意识,都需要有毛遂自荐的胆量和勇气。当你对自己眼下的工作岗位感到不理想时,当你想谋求某一个职位时,你是否想过,应该怎样向上司自我推荐?如何争取做一个自荐成功的毛遂?

(1)勿抑他人扬自我

在向上司自荐时,你可以说能胜任某一职位的各种理由,具体一点也无妨,但你千万不能在肯定自己的同时,把别人拉来做你的垫脚石。竞争的基本规则是:可以宣传自己,但不能在宣传的同时损害别人。有些人在自荐时,生怕说服力不强,动辄以同事或他人做比较,说自己在某一方面能力强,就说张三不如自己;说自己善于交际,就说李四像个书呆子;说自己做事果断,就说王五吞吞吐吐,一点魄力也没有。这种贬抑他人抬高自己的做法,是非常愚蠢的,也很可能导致自己的失败。某公司财务科科长到一家外资企业另谋高就了,公司总经理在考虑新的财务科长人选时,小全前去自荐了。他说:“我们科里五个人,我觉得我比较适合。老金有经验,但毕竟年纪大了,且文化程度也不高;大李做事粗糙,且脾气暴躁;小林呢,毕业没几年,太嫩;还有就是黄颖,这个人你也知道。带着个小孩,家庭负担多。”经理听后反问道:“他们都有这样那样的不足,就没有一点比你好的地方?你就没有自己的缺点?”小全的自荐,显然给经理留下了不好的印象。这样的自荐,还不如不荐。

(2)坦荡论短长

自荐时,说自己的优势当然是主要的,但任何事物都是一分为二的。

光说长处，甚至盲目地夸大自己的长处，往往容易使人产生怀疑。因此，聪明的自荐者总是坦坦荡荡地对待自己的长短，在充分肯定自己优势的前提下，总会在后面悄悄地说几句自己的不足，以显示公正和客观。

某报业集团缺少一名记者，刚大学毕业的小姜很想得到这个职位，经过一番考虑后，就主动去找总经理。他自荐说："经理，我觉得自己比较适合做这个工作，我有三个有利条件：第一，我是大学中文系毕业的，有较强的写作基础，在大学读书期间，就发表过一些新闻作品(他随即拿出复印件)；第二，我熟悉摄影、拍摄、电脑操作等，而且有资格证；第三，我年轻，精力充沛，没有家庭牵绊。当然，我也有一个不利因素，就是对社会不太了解，因为我一直在外面读书，但我认为，我能很快熟悉的，因为我的性格属于外向型的，善于交际。"总经理见小姜说得有理有据，且利和弊都分析到了。就说："你的情况可以考虑，待我们商量一下后再答复你。"心里却在想：这小伙子蛮不错的。

(3)实实在在展才学

自荐需要口才，需要技巧，但更需要独特的优势和才能。这才能，不是凭空说的，更不是随口吹的，而是需要看得见、摸得着的事实。事实胜于雄辩。自荐时，带上有说服力的、能表明自己真才实学的证据材料是非常重要的，例如学历证明、资历证书、荣誉证书以及有关足以说明的实物样品等。

某市一家大酒店需要招收一名精通外语和有丰富涉外经验的高级管理人员。城镇姑娘关钰得知消息后前去自荐。总经理仔细一问，见她来自边远的小县城，一下子态度冷淡了不少。这时，关钰拿出了三样东西：一样是她利用业余时间刚刚翻译出版的一部关于西方旅游业方面的专著；一样是她的外语等级证书；还有一样是她获市"三八红旗手"的荣誉证书，递给总经理一一验看后，她说："反正你们这里老外也很多，如有必要，我可以和老外当场交谈。"这时，恰好有一位老外从外面进来。经理与老外打过招呼，要他和关钰谈谈。关钰和老外简单地问候后，就开始谈论起关于环境污染的问题，尽管这是一个比较专业的话题，但他们谈得非常融洽。谈话结束后，老外热情地向关钰跷起了大拇指。总经理见此，马上意识到小县城出了个大人才,于是就要关钰先留下来再说。

(4)知己知彼多准备

自荐成功的关键还在于知己知彼,有的放矢。知己,就是要知道自己到底有多少本事,这些本事的分量究竟有多重;知彼,就是要明白对方到底需要什么本事的人,对方的工作性质和特点是什么,对方主要领导的性格脾气如何。自荐前,最好先打听打听,尽可能多了解些相关情况,然后再做好充分准备,这样,可以避免盲目性,增加自荐成功的可能性。某市教育科学研究所正在物色一名科研人员。洪超前几年毕业于师范大学的教育系,现在一所中专任教育学的教师,专业对口,又有一定的实践经验,洪超决定去自荐。他先通过一个朋友对教科所的工作性质、任务以及科研人员的基本素质等做了一番全面了解,对主管人事的教科所所长的性格特点也摸了摸底,然后准备了一些具体材料,又郑重其事地通过朋友与所长约了一个时间。自荐时,所长见他对教科所的情况了如指掌,有关课题规划、课题管理、课题鉴定等也一清二楚。再从他带来的材料和自荐时的言行举止来看,觉得这是一个比较合适的人选。于是对他说:“就我个人的意见而言,可以接收。你先把材料留下,等我和其他领导再商量商量,我估计有希望的。”有所长的这么一番话,洪超觉得成功的可能性很大了。

(5)堂堂正正挺起胸

自荐最忌讳的就是,荐是自荐了,总觉得底气不足,总觉得是有求于人,低三下四,神色紧张,甚至大气都不敢出,不敢堂堂正正地挺起胸,不敢理直气壮地陈述自己,表现自己。

有一位中国留学生在美国求职的经历,是颇值得人深思的。这位留学生是学经济管理的,他想以半工半读的方式完成学业。于是,他到一家纺织公司自荐求职。业务主管在了解了他的有关情况和工作简历后,向他提了一个与他工作无关的问题:你会使用打字机吗?这位留学生会是会的,只是不熟练,他犹豫再三,索性就说自己不会。于是,主管就拒绝了他。

后来,这位留学生又到一家食品公司去求职。这家公司的经理也同样向他提出了一个类似的问题。“我不会,因为我是学经济管理的。我只能干与企业管理有关的工作,其他我就不会了。”这位留学生进一步用类似的方法推销着自己。食品公司的经理也不再说什么了。连遭两次失败的留学生后来遇到一位在美国留学时间较长的朋友。这位朋友告诉他:“人家向你提这样的问题,并不是就是要你干这项工作,只是考验你,看你有没有自信心。下次如果再有人问你这类问题,你就大胆地说我能干。”

果然,照这位朋友说的去做,第三次就获得了成功。

自荐时,充满自信是很要紧的。谦虚固然是一种美德,但如果自己本来就能干的事你还说“差不多”、“马马虎虎”、“还可以凑合”,那就会被人怀疑你的自信心。一位心理学家的话是很值得我们细细品味的。他说:“你要推销的第一个对象,就是你自己。”你越是对自己有信心,越能表现出一种自信的气概。你必须确信自己有权呼吸,有权占有一方空间,而且在任何地方都感到很自在。一个感到自在的人必定坐在整个椅面上,不会只坐在椅子边缘。自信的人必定能盯住对方的眼睛,使他相信你是一个有能力的、牢靠的人。

2.把握自我表现的分寸

一个精明的员工,不仅会做事,而且还要会在各种不同的场合、不同的情况下“表现”自己,把握自我表现的分寸,掂轻重,识深浅,知进退,这样才有机会脱颖而出。

(1)充分利用公司的会议,让上司和其他同事注意你

一定要事先计划好你想说的和你要达到的目的,列出可能遇到的疑问和对策。开会时不要坐在会议室的角落里,要大声清晰地说出你的意见,善于用眼神进行交流。

(2)主动亮出你的成绩

许多男人做一点工作就大张旗鼓让每个人知道,你也不该默默无闻。同事可以为你开门,但在工作评估时,他们绝不想让你走在前面。

(3)不要期盼在工作中结交朋友

工作仅仅是完善自我的一部分。把交友这一项从工作目标中划掉。当然,如果能遇到知己是你额外的运气。

(4)坦然面对变化

培养良好的心理素质,从日常工作和生活中锻炼自己,好的机会和坏的事情也许就发生在五分钟以后。如果你平时就有所准备,你的镇静对策会让老板和同事刮目相看。

(5)敢于冒险

经验是一位老师,教导你之前先给了你考试,但患得患失只能令你停滞不前。成功者多数是敢于把想法变成行动的人。

(6)尽量避免承担那些你不能直接控制的工作

如果项目中的主要或是关键人员不是向你汇报,而且你并未得到足够的授权,就不必自告奋勇地站出来。同事间的相互帮助不是用这种方式表现的,把有限的精力投入到能真正给你事业带来发展机会的工作中吧!

语言能力——精通外国语言,如英、日语说写听皆流畅无阻,而非只是"略知"而已。

住家近——在候选人条件相当时,住家近的候选人中选的机会较大。因为对公司而言,住家近意味着可以"随叫随到"。

因此,一个人应该正确估计自己的实力,充分意识到自己的个人技能。当你做完这些后,你也许再也不会认为自己"仅是个会计"。或把自己的兴趣简单地定为"我喜欢与人打交道。"

列出你整个工作中所做的成绩。几乎每个人实际所做的成绩都比他所意识到的要多得多。在你匆忙地拟写个人简历前,不妨先用这种方法来重新估量你的成绩,你会惊喜地发现你原来是个如此伟大的人。

①先列出你最早期的成绩,哪怕是最微不足道的。不要忽视一些显而易见的事情,例如,改进盥洗设备以利节水,剪下报纸上与你工作有关的文章并用到工作中去,或推荐给领导过目,等等……

②写清你做了些什么,你所做的节约了什么,或者改进了什么。

③每项成绩都用动词开头：减少了……完成了……发明了……推销了……实施了……它们都是很吸引人的开头词。

④根据你自豪和感兴趣的程度，在你所列出的成绩单旁的空 A 处标出次序。例如，把你最引以为自豪的、最得意的项目列为第一，其他的依次类推。

⑤参照你成绩单上名列前茅的各项，列出一个预备清单，写下你想干的，又容易出成绩的工作类别。

通过这些你应该了解你自己的处事方式，更重要的是，你应该明白你可以骄傲地去完成哪些事情。这个方法一定能够提高你的自我估价和自信心。此刻就是你的黄金时刻，你的转折点，你的好机会，你应该在三岔路口选择你正确的道路。你曾经取得了这么多的成绩，接着干吧！因为现在快到了给你加薪的时候了。

3. 让老板主动给你加薪

薪水是靠实力和努力得来的，但是如果没有上司的认可，一切的实力和努力都会与加薪失之交臂。

企业的上司也不会平白无故地给你加薪。上司给哪些员工加薪，给哪些员工减薪，或对哪些员工“炒鱿鱼”，都有他自己的理由和依据。虽然没有一个固定的程序能够确保你获得提升和加薪，但是你要想得到升职和加薪，必须得到上司的认可。

(1)把上司的利益当作自己的利益

上司的利益是非常广泛的，它包括很多方面的内容。作为企业的员工要能够帮助上司解决企业所面临的各种问题，解决企业困难。如果这一方面你做不到，那么就会被上司视为可有可无的员工。

上司是公司里的领头人，他对本公司员工的表现和态度是非常敏感的。为了达到升职加薪的目的，你就要使自己的一切行为都符合上司的利益，这是尤为重要的。如果你在某一行为上损害了上司的利益，哪怕一次无意的损害,都会使上司感到厌恶,他绝对不会对你有好感,从而失去升职和加薪的机会。

(2)不要太计较工薪的高低

如果你在上司面前,对薪酬的数目多少过于在意,这会使上司认为你是为了金钱而工作,而没有了对事业的追求,不会有多大出息。但是,如果你在上司面前表现出一副"对金钱无所谓"的态度,这也会使上司感到你是一个不服管理的人,从而失去了对你的信任。那么,究竟应该对薪金持什么样的态度呢?

①如果上司在某日提出要给你加薪时,这就说明你在公司是个有才干和地位的人,上司非常器重你。但你不要马上就和上司讨论加薪的幅度问题。

②加入任何小组、个人或机构发起的争取某种利益的签名活动都是愚蠢的,除非这活动是由上司亲自发起的,并且是对大家有益的。在遇到对公司的意见或对加薪幅度不满的书面建议时,尽量回避,低调处理。

③在日常生活中,不妨偶尔吃几天便当,让人感到你经济上的拮据。但不能强调自己的经济状况,有要求上司加薪的嫌疑。

(3)不要探听上司的"秘密"

有许多人为知道上司的"秘密",而四处打听,认为如果知道上司一些小秘密,则可以和上司拉上关系。你想不到的是,有些"秘密"可能成为你永远不能升职的原因。既然是"秘密",当然知道的人越少越好,别探问上司的隐私。上司面对工作感到心情压抑,家庭生活也会产生这样那样的矛盾。如果你毫不客气地探问其隐私,甚至为其出谋划策,那就大错特错了。即使上司在最危急的时候,也只需要适度的关心,解开郁闷的心情。要明白。真正关心上司,出发点就是爱护帮助而不是利用。一旦上司知道你了解了他的秘密,必定对你有所防范,甚至会将你调到离总部远的地方。如果你不小心撞到了上司的秘密,装傻充愣是唯一的明哲保身的办法。

(4)不能将自己举得太高

适当地推销自己是非常必要的,但绝不能过头。因此千万不能在上司面前自恃能力超强，显得神通广大，无所不能，无所不会，这样不仅不能使上司惊叹和赞赏，还会使上司对你失去安全感，在心理上给上司压力，使他对你有所防备。

所有的上司都有自己的“三防”手段。一防你吃里爬外，自恃太高。太过醒目而容易被其他公司利诱，做出损害公司利益的事情。二防你在公司有太大的影响力，对其他员工会起到煽动作用，动摇他的领导地位。三防你油头滑脑，练精学懒，当公司的权力掌握到你手里后，不思进取，做不出成绩。

(5)要让上司知道你的忠诚

上司在工作和生活中，有一个属于自己的圈子，而这个圈子里的人，会被他认为都是自己人，也就是忠于他的人。如果你进入这个圈子，就要时刻保持对上司应有的效忠程度。凡事你都要让上司出风头，把他推到表演台上，使他成为媒体注意的焦点和风云人物。当上司称赞某一个员工在公司的作用时，会用“公司里没有此人不行”的语言，实际上在上司的眼里，这位员工仍是他的雇员。有些人并不明白这一道理。被上司一套，即刻飘飘然起来，连上司的尊严也不顾了，甚至得意忘形，得罪其他同事。

必须懂得用毕恭毕敬的态度对待上司，在上司面前，一定要保持谦和，这是上司给你加薪的前提。

修炼二十五：警惕职场的雷区——比人多跟“弦”你就多条路

1. 晋升不该有的做法

年轻人走上了工作岗位，都希望将来有个大发展，但是我们要注意．大发展蕴含于我们平时的小行为中，我们平时的行为作风决定了我们在上级和同事们心目中的印象。

怎样让自己给大家留下更好的印象呢？办公室里也有游戏规则，不管你是一般职员，还是部门主管，你的工作习惯都必须遵规守纪，否则可能吃亏，还不知为什么。为了展示真正的职业风范，你必须根除下面这些杀伤性极强的陋习，以免损失惨重。

(1)任何事都有理由

上司不管什么时候对你的工作提出质疑，你都像快速抢答一样给出一个或冠冕堂皇或不是理由的理由，这种反应展示的是你的自卫手段，但绝不是解决问题的能力。在上司的眼里，工作上不能虚心接受批评的人往往不会有什么进步，事实也正是如此。必须牢记的原则是：除非批评是因误会产生，否则应该收起为自己辩护的冲动。

(2)喜欢清早瞎聊

是不是每个星期一清早你都和办公室里的哥们姐们换汤不换药地互相瞎扯上周末的鸡零狗碎？周二清早又像例行公事似的把昨晚看过的腻歪透顶的电视连续剧交流品评一番？这种像学生晨读似的交谈似乎能提神醒脑，使你很容易进入状态，但却极有可能使上司感到厌烦、扰乱同事工作。许多老板都认为清早的工作效率是最高的，所以明智的做法是改变这种"一天从聊天开始"的习惯，互相打趣换个时间没什么大不了的。

(3)过分独立

毫无疑问，每个人都想展示自己的足智多谋和精干，但过分的独立可能会适得其反。路小姐在她那家电视台工作能力绝对数一数二，她也从不掩饰独当一面的自信和傲气，有时甚至显得盛气凌人。一次，由于她的疏忽，竟在地方新闻后的黄金时段漏了三条重头广告，结果使电视台损失惨重。原来她因为讨厌问别人，一直都没有学会怎样看电脑显示的节目编播安排。她的错误就在于目中无人，自我感觉太好。其实，不管碰到多大的难题或者想不到的障碍，你只要聪明一点，多动脑多请教，上司一般不会跟你过不去，也可能避免许多本可以避免的损失。

(4)开会踩着点到

上司会注意到开会总是最后一个到的雇员，哪怕她并没有迟到，一而再再而三，上司还会对这名雇员分清先后轻重和安排时间的能力表示怀疑。而且，后来者只能坐会场最差的位置，为什么要把自己置于这种不利的局面呢？

(5)着装随意，不具职业特点

27岁的陈小姐是一家出版公司的项目经理，她觉得不穿套装时更放松，工作效率更高。她最喜欢的打扮是套头衫、短裙，加帆布胶底运动鞋，不过现在她只敢在没有客户来访的日子穿。你可以想象她的难堪，当老板告诉她"别穿得像个拉拉队队长似的"出席即将举行的公司管理层大会。"显然我看上去不会激起别人的信心。"她有时也这样拿自己取乐。切记别成为了公司里同一职位中穿着最不正式的。

(6)分角必争

如果碰到成效显著的加班或因公开销较大，向老板报账天经地义，但为了15分钟的加班费或一块两块的劳务费斤斤计较，就要三思了。上司可能会认为你太喜欢较真儿。大方一点或许吃的是小亏，总比为此吃大亏划算。

(7)网瘾太大

给朋友发E-Mail和工作上的联络你以为差别不大，但在老板眼里丁是丁卯是卯，公私应该分明。C小姐是一家网络公司的文员，近来她发现公司对电子邮件实行了监控。"我觉得很没面子，因为和朋友在网上瞎聊大多被老板训了。"她说。应该记住：尽量不用E-Mail联络私人朋友，也别和同事在网上开玩笑瞎聊。

(8)有点妩媚过当

办公室里职业女性的干练比妩媚更得上司欢心。另外，如果妩媚过当，没准儿会出现办公室本不该有的浪漫情致，别人甚至会对你的人品和工作能力不屑一顾。把主要精力放在工作上，再加上你的热情和人格魅力，你会体会到办公室里的感觉真好。

2. 职场中不该有的想法

商业时代更关注一个人的能力、理性和潜质，所以现今的年轻人虽然新入行、不入道，毫无社会经验可谈，但他们一般都意气风发，胸藏大志，很少有人像当年的师兄师姐们那样谨言慎行只求明哲保身。

在职场中，员工们往往容易被办公室里短暂的平静和人与人之间的热络关系所迷惑，以为自己真的受到了所有人的青睐，以为自己真的成了办公室里最年轻的“金子”。

事实上，他们不知道复杂的职场其实江湖险恶。

(1)我是上司的心腹

首先请注意，“你是我的心腹”之类的话，只能是上司对员工说。

职场中的人际交往大多是建立在利益之上的。一个上司对下属的关心与嘘寒问暖一定不会脱离最本质的工作目的，因为上司的职责就是管理每个员工，剔除弱者，留住强者。假使每个员工都能安分地工作，顺利地完成当月当年的任务，并积极地提出创造性建议，加速实现公司的整体发展战略，上司的目的就达到了。

“友情”在职业场合是弱者寻求依靠的一种心理期待，也是强者在互利互惠中的双赢法则。不要以为你真的这么有人缘成了上司的朋友，然而他希望你做的，只是一枚永不生锈的螺丝钉。所以，一个有心计的上司常常会用渗透个人情感的言辞去笼络人心，但一个聪明的员工则不会因为这种攻心的情感诱惑而对上司投入忘乎所以的热情，从而套牢自己的前途。

员工过分地接近上司，会让同事产生本能的反感和排斥。对于新人来说，这当然是一种天真和轻信的行为，但在外人看来可绝非那么简单，新人一旦被打上“老板心腹”的危险烙印，那么近亦忧，远亦忧，你很难再掌握办公室人际的平衡。

上司再真挚的情感告白也无非是为了稳定军心，让新人发挥己长，创造效益。“我是上司的心腹”其实只是员工自己度身定做的神话，它的可信度几乎等于零。每一个员工求职到一个新的工作环境，都会受到上司亲密的关照，当然，他只是想调动你的积极性，让你尽快适应新的环境，在未来的工作中发挥所有的潜能。

(2)我赢得了一个小圈子的尊重和友谊

一个员工到达一个全新的环境，最容易犯的错误就是寻找校友、寻找年轻的同类、寻找过去校园里那种单纯的关系，以摆脱紧张和孤独感。与上司的交往不同，这是一种主动的寻找，也是一种强烈的不可遏制的渴望。这种渴望的结果就是你很容易成为某个小圈子的猎物。小圈子的形成无疑是共同利益的驱使，这是没有感情基础的一种随时会发生可怕变化的利益同盟。而员工刚刚进入深不见底的庞大社会，小圈子的关心和接纳会深深感动他的内心。员工天真地以为自己进入了某个小圈子就是找到了融入新环境的突破口。其实那不是突破，而是陷入。

小圈子一般没有后台，所以它更注重壮大自己的势力和保护自己，圈中人通晓名利场上各种花招和权力斗争，一旦你与小圈子沾上了边，自然会成为一个让圈外人反感的“另类”。对于员工自己来说，独立判断会越来越难，他总是受小圈子的左右，过不了多久，他就会发现自己成了一只作茧自缚的蚕，被自己捆得死死的，挣不脱。

(3)我有能力，我笑傲职场

有些员工对待办公室里的老前辈，初期尚能彬彬有礼，一副谦逊好学之态，因为父母早有告诫：经验是无价之宝。

可是日子一长，新员工发现原来前辈传授的也不过是花花草草一类面子上的学问，经验不能当饭吃，前辈老矣。于是藐视权威几乎成为所有新员工的通病。有这样一个故事：

海是应用技术的专业人才，也是公司里的新职员，他日益看不惯身边一位终日与茶水和报纸为伴的老同志，每当部门开会，这位老同志做工作总结时，海都无法忍受他的虚伪和夸夸其谈，就会提出针对性的批评意见，所有同事都听出来了，老王是海的“非舒适”。

没过多久，海被调往下属公司，明升暗降，是老王下的“绊子”。老王在公司里的职位相当于古代专司挑错之职的左右“拾遗”，他是上司真正的心腹。海终于明白了“重剑无缝”的道理。

不要以为有超常的工作能力就可以目中无人，作为新员工对前辈的畏与敬永远是不可缺少的交际常识。谁要是一意孤行，以为没有前辈的扶持，甚至摒弃前辈的经验，一样可以在职场中如鱼得水、步步高升，那么节节败退的日子亦不远矣。

俗话说，鼎有三足而立。出色的能力、和谐的人际关系、温良的态度，缺一不可。你以为你具备了“能力”这一办公室法宝就可以江山稳坐了，可几乎所有的前辈都具备其他两项不同寻常的优势，他们会让你明白一个道理：姜还是老的辣。

3.职场中不该有的表现

公司是同事相处的场所，又是相互展示的舞台，在公司里每个人的表现不同，而这种表现在某种程度上成为大家衡量一个人的标尺。因此，在公司里以下表现都应当尽量避免。

(1)别在同事之中出风头

善于自我表现的人，常常既表现了自己又不露声色。“我们”代表着他也参加的意思，能给人一种“参与感”，他与同事进行交谈时喜欢用“我们”而很少用“我”，因为“我”给人以距离感，而“我们”则使人倍感亲切，还会在不知不觉中把意见相左的人划为同一立场，并按照自己的意图影响他人。

真正善于自我表现的人从来没有停顿的习惯，因为停顿的语气可能被看成是犹豫，也可能让人觉得是一种敷衍，傲慢的态度很令人反感。

表现自己并没错。在当今社会，充分发挥自己，充分表现出自己的才能和优势，是适应时代挑战的必然选择。但是，表现自己必须分场合、形式，如果过于表现，使人看上去矫揉造作，一点都不自然，好像是做样子给别人看似的，那就要另当别论。

刻意地自我表现是愚蠢的。如果我们不过是要在别人面前表现自己，而使别人对我们感兴趣的话，我们将永远不会有许多真实而诚挚的朋友。

工作中，往往有许多人不善于掌握热忱和刻意表现之间的区别。许多人总把一腔热忱的行为搞得像是故意装出来的，也就是说，这些人学会的是表现自己，而不是真正的热忱。

热忱绝不等于刻意表现。在应当拼搏的时间拼上一场，在需要关心的时候关心他人。

其实，自我表现是人类天性中最主要的因素。人类喜欢表现自己就像画眉鸟喜欢炫耀声音一样正常。但刻意地自我表现就会让人感到做作、虚伪，最终达到的效果只能是适得其反。

许多人在谈话中不论是不是以自己为主题，总是有显示自己、表现自我的毛病。这种人就很可能被人误认为具有辩才，但也很可能被认为是口无遮拦而显得轻浮，等等。

(2)乐于承担责任

人无完人，没有人会不犯错误，有的人甚至还一错再错。既然错误是无法避免的，那么可怕的不是错误本身，而是怕将错就错、知错不改。

当有人尤其是和自己平起平坐的同事，对自己狠狠批评一通时，不管那批评如何正确，许多人都会觉得不舒服，有人甚至会拂袖而去，连表现的礼貌都不愿意维持，结果令提意见的同事尴尬不已。下一次如果你犯更大的错误时，便再没人敢来劝告于你，这对你来说不得不说是一个重大损失。

其实，如果能正确面对自己的弱点和错误，拿出更多的勇气去承认它、面对它、改正它，就能弥补错误所带来的不良后果，在今后的工作中更加小心，就能加深领导和同事对你的信任，从而很愉快地原谅你的错误。

一个人有勇气承认自己的错误，不仅可以清除罪恶感，而且有助于解决这项错误所造成的后果，即使傻瓜也会为自己的错误辩护，但能承认自己错误的人更会获得他人的尊重。

当我们犯了错时，如果我们对自己诚实，就要迅速而诚恳地承认。这样不但能产生惊人的效果，而且比为自己争辩还好得多。

如果你总是害怕向别人承认错误，那么，你不妨试试下面的办法：

①如果你在工作上出错，应该立即向领导汇报，这样虽然有可能被大骂一顿，可是在上司的心目中你将是一个诚实的人，将来会更加信任你，你所得到的将比你失去的多。

②如果你的错必须向别人承认，与其找借口逃避，不如勇于认错，在别人还没有来得及把你的错到处宣扬之前，尽早对自己的行为负起责任。

③如果你的错误会影响到其他同事的工作成绩，无论同事们是否已发现，都要赶在同事找你之前主动向他道歉、承认错误，千万不要自我辩护、推卸责任，否则只会令对方更加恼火。

人人都会犯错误，尤其是当你工作过重，精神不佳，压力太沉重时，不小心犯错是非常普通的事情。如果我们能在犯错之后正确地面对，便不算什么大事情，甚至还会对你日后的升迁有很大的帮助。

(3)别让同事下不了台

人人都爱惜自己的面子。聪明人在与同事交往的过程中，从不会把话说死、说绝，说得自己毫无退路。例如“看你做的那些蠢事”、“谁像你那么不开窍，要我几分钟就做完了”、“你跟××一样缺心眼儿，看他那巴结相”。这些话无论是谁听了都不会痛快、显然是大大损伤了别人的面子。

真正有远见的人不仅在与同事一点一滴的日常交往中为自己积累最大限度的“人缘儿”，同时也会给对方留有相当大的回旋余地。给别人留点面子，实际也就是给自己挣面子。

人人都有自尊心和虚荣感。但很多人却总爱扫别人的兴——当面令同事面子挂不住，以致当面撕破脸皮，互不相让，翻脸成仇。

纵使别人犯了错，而我们是对的，如果不能为别人保留面子，也许会毁了一个人。

时时想到保留他的面子，这是何等重要的问题！而我们却很少有人考虑到这个问题。许多人常常喜欢摆架子、我行我素、挑剔、恫吓，在众人面前指责同事或下属，却没有考虑到是否伤了别人的自尊心。其实，只要多考虑几分钟，讲几句关心的话。为他人设身处地想一下，就可以缓和许多不愉快的场面。

(4)别跟同事分出远近

如果与脾气相投的同事每天都高兴地寒暄，还经常相约玩耍，而与性情不合的同事不打招呼，就会由于亲善与疏远而改变了与对方的交往方式。但不与性情不合的人交往，在工作上却又不能避免和这种人搞协作、打交道。你与他平时疏远，工作中他就不会同你积极配合。

(5)别跟同事抢工作

互相帮助、鼓励是件好事，但应当避免多余帮助与随意的插手。无论多么要好的同事，背着上司互相分担或帮助别人的工作都是对你不利的。各有各的职务分工，它是一种有序的制度。如果你主动帮忙，别人会以为你想抢功，如果被请帮忙，或许是上司巧设的难题，一旦被上司知道，说不定会惩罚你。

4. 职场中不该有的作派

大家的工作性质不同、工作环境不同，每个人的个性也不相同，所以我们无法制订出应该怎样做的统一标准。怎样让自己给大家留下更好的印象呢？知道了“不该怎样做”离“应该怎样做”也就不远了。这里给大家归纳了“不该怎样做”的七个禁忌。

(1)忌满脸世故

有些年轻人，对社会接触得比较早，经历比较丰富，看到的阴暗面比较多，受某种条件影响，就可能认为那些阴暗面上体现出来的东西就是“真理”。一参加工作，就觉得应该完全按习俗所流行的那一套来办事——这是一种不全面的认识。虽然说大家都是社会中人，但大多数人仍然讨厌那些油滑的社会“混子”。所以，年轻人绝不能摆出一副社会相，拿“江湖义气”当成熟练达，拿“八面溜光”当聪明智慧，拿“庸俗肉麻”当幽默有趣。那样，即使大家表面上不讨厌你，内心里也会对你有所顾忌。

(2)忌过于热情

刚刚参加工作什么事都主动些、多干些，对人真诚些、热情些，这是正确的。但不能有大事小事，无论与自己有没有关系都鞍前马后地跑个不停不歇，人前人后绕个没完没了。说实话，并不是每个人都喜欢你如此，也不是每件事都需要你如此。对你此行为的评价可能有这么四种：①"这个年轻人热情真高"（公正者或专说好听的话的人）；②"也就是刚参加工作吧，再过几个月你再瞧他"（自以为是过来人的人）；③"太不成熟"、"真能显"、"就会干这些，业务啥也不是"（吹毛求疵者或恶意批评者）；④"谁让他小了，也该有个人替替我们的班了"、"年轻人多干些是应该的"（牢骚满腹者或懒汉）——自己衡量一下，你这样热情到底对不对。

(3)忌溜须拍马

年轻人刚到单位，适当地对那些老同志、大哥大姐们说点"好听的"，对他们的优点进行恰当地赞美，可以表明你对他们的尊重。但是不能一说话就夸大其辞，一张嘴就把人捧上天，甚至把对方身上的缺点说成优点。那会给人造成这种印象——这个人只会溜须拍马，是个没真本事的投机分子。

(4)忌滥用幽默

幽默被现代人当作处世的法宝，也被现代人当作衡量一个人的口才乃至智慧的标准，这使得不少年轻人都在想办法使自己幽默起来，但是要注意，幽默要有一定的尺度。"幽"不好瞎"幽"固然不可取，而最不可取的是没事总"幽"，无事不"幽"，无时不"幽"，无话不"幽"，弄得大家烦不胜烦，把你当个活宝。这就冲淡了你真正的工作成绩。正确的认识是，幽默是味精——要少而有味。

(5)忌卑卑怯怯

主要表现有三种：一是把什么人都当成天大的人物，把自己当成小字辈——往好里说是谦虚过度，往坏里说是一点社会经验也没有；二是遇到稍稍强硬的对手便不敢坚持己见，即使明摆着自己的意见是正确的——往好里说是维护团结、克己容人，往坏里说是软弱无能；三是工作稍有难度便不敢接手,接了手也很长时间不敢弄展——往好里说是年纪还轻,经验还少,往坏里说就是窝囊废。

(6)急急不可耐

三天没达到自己的目标,就开始怀疑自己是不是选错了单位;五个月没有提升,就开始怀疑自己是不是受了亏待;一年没有发财,就开始怀疑自己是不是没有前途。年轻人稳扎稳打,一步一个脚印才是成功的法则。一口吃出个胖子的事,世界上并不多见。

掌握了这些,多了一根“弦”的你职业素养自然也会比他人要高。当然,升值加薪也就不在话下了,慢慢前进,谁也难以抢去你卓越的未来!

智慧小故事

好学不倦

在一个漆黑的晚上，老鼠首领带领着小老鼠出外觅食，在一家人的厨房内，垃圾桶之中有很多剩余的饭菜，对于老鼠来说那种惊喜，就好像人类发现了宝藏。

正当一大群老鼠在垃圾桶及附近范围大挖之际，突然传来了一阵令它们肝胆俱裂的声音，那就是一头大花猫的叫声。它们震惊之余，更各自四处逃命，但大花猫绝不留情，不断穷追不舍，终于有两只小老鼠逃避不及，被大花猫捉到，正要向它们吞噬之际，突然传来一连串凶恶的狗吠声，令大花猫手足无措，狼狈逃命。

大花猫走后，老鼠首领释然从垃圾桶后面走出来说："我早就对你们说，多学一种语言有利无害，这次我就因而救了你们一命。"

智慧小语：多一门技艺，多一条路。不断学习实在是成功人士的终生追求。

居安思危

一只野狼卧在草上勤奋地磨牙，狐狸看到了，就对它说：天气这么好，大家在休息娱乐，你也加入我们队伍中吧！野狼没有说话，继续磨牙，把它的牙齿磨得又尖又利。狐狸奇怪地问道：森林这么静，猎人和猎狗已经回家了，老虎也不在近处徘徊，又没有任何危险，你何必那么用劲磨牙呢？野狼停下来回答说："我磨牙并不是为了娱乐，你想想，如果有一天我被猎人或老虎追逐，到那时，我想磨牙也来不及了。而平时我就把牙磨好，到那时就可以保护自己了。"

智慧小语：做事应该未雨绸缪，居安思危，这样在危险突然降临时，才不至于手忙脚乱。书到用时方恨少，平常若不充实学问，临时抱佛脚是来不及的。有人抱怨没有机会，然而当升迁机会来临时，再叹自己平时没有积蓄足够的学识与能力，以致不能胜任，也只好后悔莫及。

困境即是赐予

有一天，素有草原之王之称的狮子，来到了天神面前说："我很感谢你赐给我如此雄壮威武的体格，如此强大无比的力气，让我有足够的能力统治这整座森林。"

天神听了，微笑地问："但是这不是你今天来找我的目的吧！看起来你似乎为了某事而困扰呢！"

狮子轻轻吼了一声，说："天神真是了解我啊！我今天来的确是有事相求。因为尽管我的能力很好，但是每天鸡鸣的时候，我总是会被鸡鸣声给吓醒。神啊！祈求您，再赐给我一个力量，让我不再被鸡鸣声给吓醒吧！"

天神笑道："你去找大象吧，它会给你一个满意的答复的。"

狮子兴冲冲地跑到湖边找大象，还没见到大象，就听到大象跺脚所发出的砰砰响声。

狮子加速地跑向大象，却看到大象正气呼呼地直跺脚。

狮子问大象："你干嘛发这么大的脾气？"

大象拼命摇晃着大耳朵，吼着："有只讨厌的小蚊子，总想钻进我的耳朵里，害的我都快痒死了。"

狮子离开了大象，心里暗自想着："原来体型这么庞大的大象，还会怕那么瘦小的蚊子，那我还有什么好抱怨呢？毕竟鸡鸣也不过一天一次，而蚊子却是无时无刻地骚扰着大象。这样想来，我可比他幸运多了。"

狮子一边走，一边回头看着仍在跺脚的大象，心想："天神要我来看看大象的情况，应该就是想告诉我，谁都会遇上麻烦事，而它无法帮助所有人。既然如此，那我只好靠自己了！反正以后只要鸡鸣时，我就当做鸡是在提醒我该起床了，如此一想，鸡鸣声对我还算是有益处呢？"

智慧小语：在人生的路上，无论我们走得多么顺利，但只要稍微遇上一些不顺的事，就会习惯性地抱怨老天亏待我们，进而祈求老天赐给我们更多的力量，帮助我们度过难关。但实际上，老天是最公平的，就像它对狮子和大象一样，每个困境都有其存在的正面价值。一个障碍，就是一个新的已知条件，只要愿意，任何一个障碍，都会成为一个超越自我的契机。